Eine Reise
durch die Welt des
Helme Heine

Der schöne Schein

Middelhauve

Inhalt

Auch wenn ich von weit her komme,
bin ich doch ein Kind und habe Lust, zu essen
und im salzigen Wasser zu schwimmen.

Picasso

Bilderbücher

Bücherbilder

»Ich habe in den ersten fünfzig Jahren meines Lebens 465375 Klöße gemacht, und ich habe in den letzten fünfzig Jahren meines Lebens 465375 Klöße gemacht. Und wenn ich eins vom andern abziehe, ergibt es null.«

Er war überglücklich: Nach einhundert Elefantenjahren hatte er die Zahl Null begriffen.
Nun dachte er an gar nichts mehr. Nicht an Gräser und Blätter und nicht an Zusammenzählen und Abziehen. Ruhig drehte er sich um und trottete langsam in die Rich-
1976 tung, in der alle Elefanten verschwinden, wenn sie keine Klöße mehr machen können.

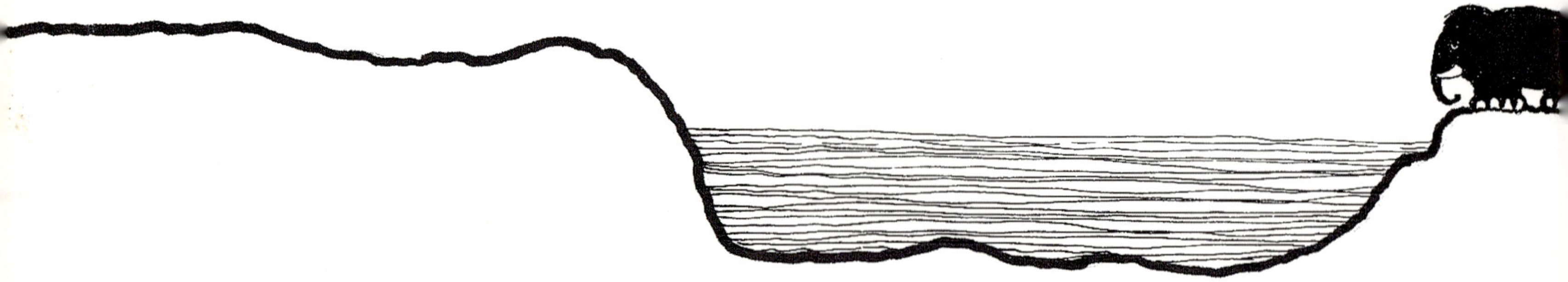

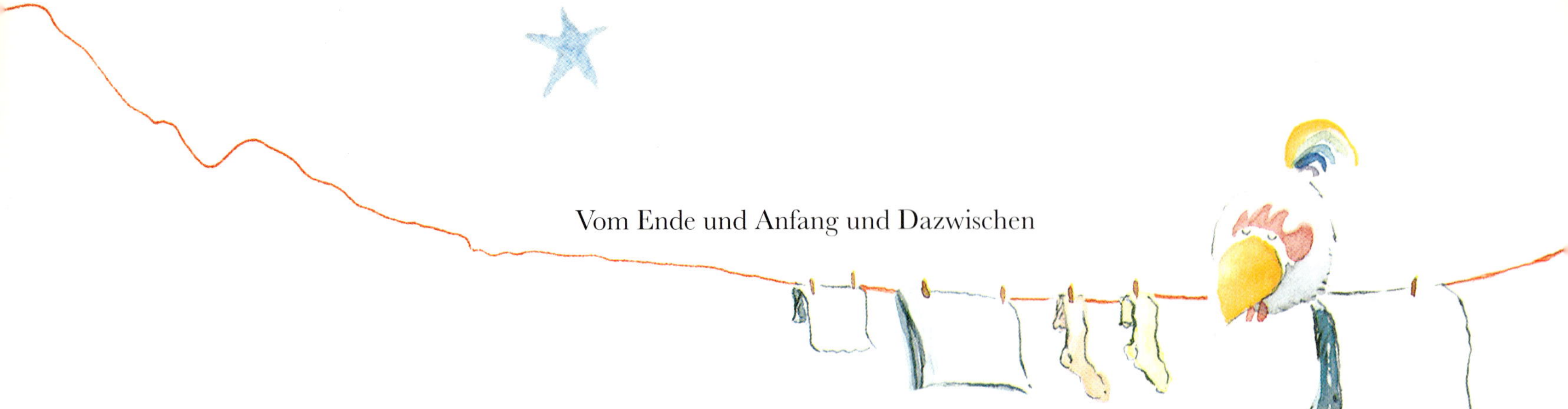

Vom Ende und Anfang und Dazwischen

»Ein Krokodil, das frißt sehr viel.« So beginnt die kleine Geschichte mit dem Titel »Mahlzeit«, und damit sind wir auch schon am Ende. Der Rest, das ist das Bilderbuch dazwischen, das sind Szenen, die zeigen, wie der erste Satz zum letzten Satz führt, und man – dazwischen – trotzdem sehr glücklich sein kann.

Bilder eines Krokodil-Lebens: der erwürgte Reiher hängt zufrieden lächelnd in der Hand des Vielfraßes, die Schlange kann es gar nicht erwarten, das Nilpferd grinst, und der Vogel Strauß hat den Kopf noch im Sand – das Krokodil hat Zeit.

Ein Bild könnte man als Karikatur verstehen, zwei Bilder sind schon eine Erzählung, drei Bilder werden zur Weltanschauung. Daß Helme Heine sowohl Karikaturist wie Lebensphilosoph ist, läßt sich an jedem seiner Bücher ablesen, ein Realist, der sein Schulterzucken in heitere Aquarellfarben und zarten Strich verwandelt. Nein, bei allem Blick aufs unausweichliche Ende, dramatisch und blutrünstig wird es nie, die Farbe Rot sucht man vergebens. Dafür ein kalifornisches Hockney-Licht, einen Stich giftiger Ungerer vielleicht und viel Sonne, viel gelbe Sonne.

Mag bei Heine auch mal die Nacht regieren, richtig dunkel und finster wird es kaum. Und so zeichnet und malt er – mal lehrreich, mal witzig, mal verspielt, mal ironisch – eine Welt aus Schweinen, Elefanten, Prinzen, Mäusen und Vögeln, aus Menschlichem und Allzumenschlichem also, in der man auf der Stelle mitspielen möchte.

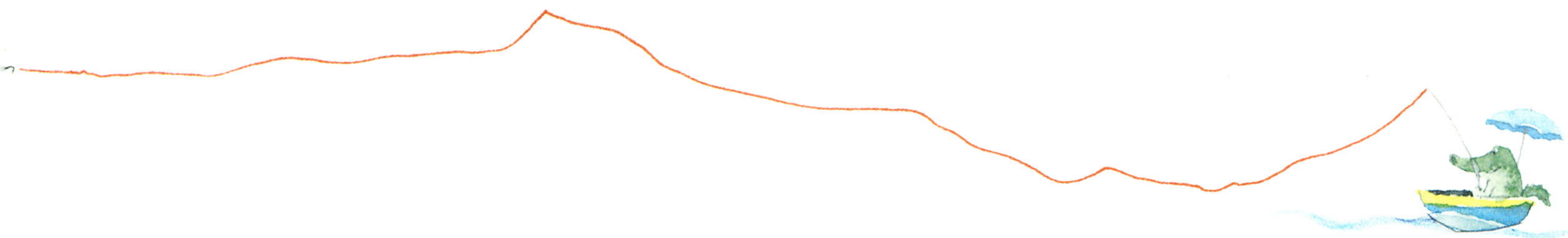

Am Ende schließt sich der Kreislauf, warten Hans und Henriette auf den nächsten Frühling oder verschwindet der Elefant »in der Richtung, in der alle Elefanten verschwinden, wenn sie keine Klöße mehr machen können«. Aber dazwischen ist es furchtbar aufregend, wunderschön traurig, voller freundlicher Augenblicke und tröstlich liebevoller Umarmungen, mitten unter diesen Lebenskünstlern, diesen Minimalisten des Glücks. Und das Krokodil? »Jetzt treibt es träge auf dem Nil und denkt: Heute ess' ich nicht mehr viel!«, und schon eine Seite später öffnet es den Kühlschrank, der von Würsten und Bratenschenkel überquillt. Bei Helme Heine kehrt man wohlig gesättigt und doch voller Appetit wieder an den Anfang zurück.

Konrad Heidkamp

1985

Vom Himmel das Blau,
von den Mäusen das Grau,
von Tomaten das Rot
und das Braune vom Brot,

grüne Wiesen dabei
und das Gelbe vom Ei.

Helme

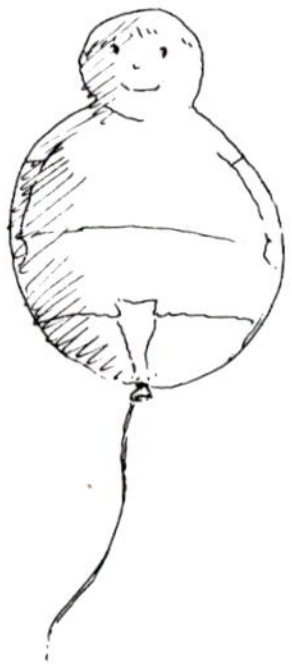

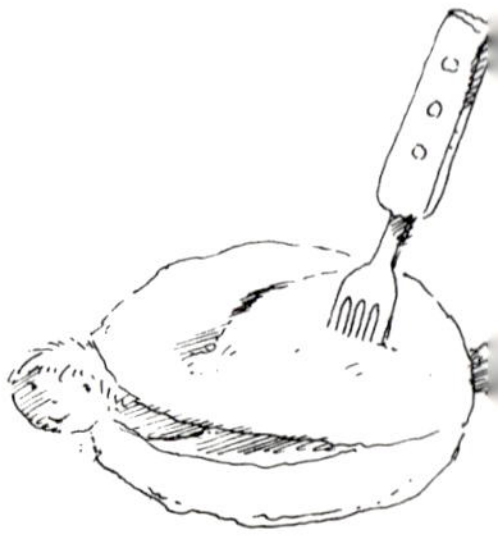

Ich erinnere mich noch genau an den Tag, an dem ich Helme zum erstenmal begegnet bin. Es war der Morgen des 4. April 1941.
Unsere Mutter zeigte mir mein in der Nacht zuvor geborenes Brüderchen und fragte: »Na, wie gefällt er dir?«
Ich antwortete: »Der sieht ja aus wie Churchill.«
Wer weiß, wie Winston Churchill ausgesehen hat, und die Zeit kennt – wir befanden uns damals im Krieg mit England –, der vermag nachzuempfinden, wie groß die Enttäuschung gewesen sein muß. Wenn ich mir heute Fotos von damals ansehe, so meine ich, daß Helme in seinen ersten Lebenstagen mehr Ähnlichkeit mit seinem Schwein Schwarte hatte. Aber hatte das nicht auch Churchill?

Mit der Sprache stand er auf Kriegsfuß. In einem Alter, in dem andere Kinder bereits fließend redeten, verhielt er sich wie ein störrischer Papagei, der nicht bereit ist nachzuplappern, was man ihm vorsagt.
Ein Bekannter der Familie hieß Eduard. Tagelang haben alle versucht, Helme diesen Namen beizubringen: Eduard. Und immer wieder sagte er: Ede ude ade.

Er war ein dickköpfiges Kind. Was er nicht wollte, machte er nicht. Noch Wochen nach der Einschulung lief Morgen für Morgen unsere Mutter mit dem Stock hinter ihm her:
»Wirst du wohl gehen!« Er rannte ein paar Schritte, blieb trotzig stehen. »Wirst du wohl!« Sie haben ihn regelrecht mit dem Stock in die Schule gejagt. Diese Einstellung zur Schule hat sich auch später nicht geändert.

Als wir schon Teenager waren, kaufte unser Vater nicht weit von Düsseldorf eine halbverfallene Wasserburg mit Park und Wiesen und einer Zugbrücke über dem Wassergraben, die zu einem Hotel umgebaut wurde.
Hier haben wir die schönsten Jahre unserer Jungenzeit verbracht. Unser Vater war ein unternehmungslustiges Original. Ein Wildpferd wurde

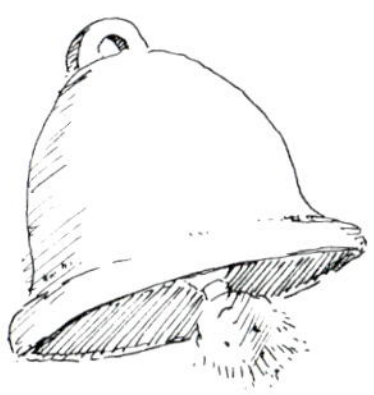

angeschafft, das so wild war, daß es niemand reiten konnte, und Schwäne, die es im Herbst nach dem Süden zog, die dann aber auf der Autobahn landeten und Verkehrsstaus verursachten. Im Frühjahr zogen wir Osterlämmer auf, und im Winter fingen wir Karpfen.
Viele Tiere aus Helmes Kinderbüchern haben hier ihre Heimat.

E. W. Heine

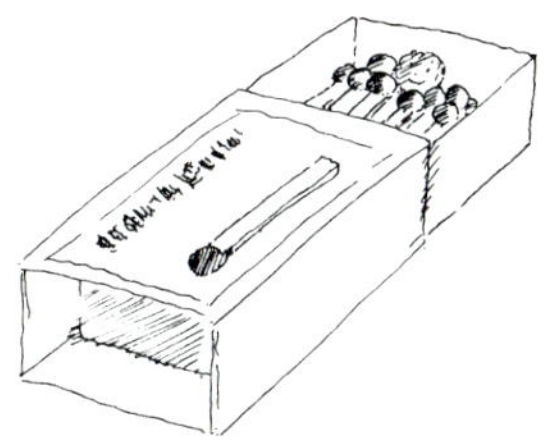

Fantasie und Fantadu
schließe beide Augen zu.
Stell Dir mal vor, du bist Musik.
Da möchtest Du am liebsten Dein eigenes Orchester sein
und Dein eigener Dirigent.
Dein Radio könntest Du dann verkaufen.

1979

Es war Sommer. Katalinchen fuhr in die Ferien zu Tante Nudel, Onkel Ruhe und Herrn Schlau.

1979

Eines Morgens kam Katalinchen zu Tante Nudel in die Küche und bat:
»Kommst du mit mir spielen?«
Tante Nudel hörte auf zu rühren, starrte Katalinchen entgeistert an und fragte: »Und wer soll kochen?«
»Warum kocht heute nicht Herr Schlau?«
»Das kann er nicht«, behauptete Tante Nudel.
Doch Katalinchen bettelte: »Dann zeig es ihm doch.«
Und Herr Schlau ließ sich überreden.

Der Fuchs schrieb an die Gans:
»Ich liebe Dich. Dein Hans.«
Die Gans schrieb ihm sehr schlau zurück:
»Besuch mich auf dem Teich. Viel Glück!«

Der Hahn schrieb an die Hühner:
»Ihr werdet immer schüner!«
Da gackerten die Hühner:
»Der Kerl wird immer dümer!«

Die Gans – das ist nicht schwer zu raten –
stirbt meist als brauner Festtagsbraten.

Das Mäuschen liebt ihr Flaschenheim,
da kommt die Katze nicht hinein.

Der Koch trägt seinen Küchendunst
am Hut herum.
Das nennt man Kunst.

Doch vorher, wie wir alle wissen,
stopft sie ihr Federkleid ins Kissen.

1990

Heute geh' ich aus dem Haus
in die weite Welt hinaus.

Will mit meinen Augen sehen,
wie der Fuchs den Hasen jagt
und der Biber Bäume nagt.

Will mit meinen Ohren hören,
was der Wind dem Raben sagt
und der Frosch im Stadtpark quakt.

Will mit meiner Nase riechen,
was so durch die Lüfte fliegt
und in unserm Garten blüht.

Will mit meiner Zunge schmecken
Nachbars Äpfel, Birnen, Pflaumen
und den ungewaschnen Daumen.

Will mit meinen Händen fühlen,
ob der Schmerz im Feuer liegt
und der Igel wirklich pikt.

Müde schleiche ich nach Haus –
doch morgen geh' ich wieder aus!

Vorlesestunde

»Liest du uns etwas vor?« fragt mich einer meiner drei Söhne vor dem Schlafengehen. Ich nicke. »Wie wär's mit einer neuen Geschichte von mir?« Sie zögern einen Moment lang, bevor sie antworten. Sie nehmen Rücksicht auf die Gefühle ihres Vaters.

»Lieber die *Freunde* von Helme Heine«, antwortet Simon, der Mittlere, schließlich. »Weil wir doch auch drei Freunde sind«, ergänzt Lukas, der Älteste. Der kleine Niklas nickt.
»Drei Freunde? Ihr? Und was war das heute nachmittag für eine Schreierei?«
»Gute Freunde vertragen sich immer wieder«, antwortet Lukas.
»Bis zum nächsten Streit«, sage ich. »Und der hat noch nie lange auf sich warten lassen, wie ich vorhin laut und deutlich gehört habe.«
Ich seufze und schlage ein Buch auf. Also gut, die Geschichte von Waldemar, Johnny Mauser und Franz von Hahn auf dem Bauernhof.
»Auf dem Hof weckt nicht Franz von Hahn die Tiere«, lese ich. »Auch nicht Johnny und schon gar nicht Waldemar. Dafür sind die drei viel zu verpennt. Die anderen Tiere müssen lange schimpfen, bis die drei endlich aufstehen.
Als sie später auf dem Feldweg Fahrrad fahren, gibt es fürchterlichen Streit darüber, wer lenken darf und wer trampeln muß. Und bei der Bootsfahrt will natürlich jeder Kapitän sein, und keiner will rudern. Bloß als es darum geht, die Enten aufzuscheuchen, wollen alle an die Ruder, weil das Boot schneller über den Teich gleiten soll. Und schon gibt's wieder Streit. Immerhin können so die Enten entkommen.
Als Waldemar danach vorschlägt, Kirschen zu pflücken, will Johnny Mauser lieber Erdbeeren und Franz von Hahn eine Birne. Weil sie sich nicht einigen können, sprechen sie eine Zeitlang nicht miteinander. Und spät am Abend wollen sie natürlich nicht in einem Zimmer schlafen. Jeder will eines für sich, weil der eine noch lesen, der andere Kassetten hören und der dritte sofort einschlafen will.
Sie zanken sich so lange, bis sie vor Müdigkeit einschlafen.« Ich klappe das Buch zu.

»War das wirklich von Helme Heine?«
Die drei sehen mich argwöhnisch an.
Die Lampe in ihrem Zimmer sieht aus wie ein Fesselballon. Im Korb sitzt der Stoff-Waldemar und scheint zu uns herunterzulachen. In der letzten Woche saß Franz von Hahn dort oben, davor Johnny Mauser.
»Paßt bloß auf, daß der Ballon nicht abstürzt«, sage ich.
»Wird schon gutgehen«, erklärt Lukas. »Waldemar hat heute abend nichts zu essen gekriegt. Nicht mal eine Kirsche.«
Jetzt müssen wir alle lachen. Selbst Niki, auch wenn er noch nicht so recht weiß, warum.

Heinrich Peuckmann

Wenn du mal schlechte Laune hast
und laut sagst, ich sei eine Last,
dann halt' ich dir entgegen:
»Kinder sind ein Segen!«

1982

Augenblicke

Beim Autofahren brauche ich eine Brille. Trotzdem glauben viele Menschen, daß ich besonders gute Augen habe, da ich ein Künstler bin. Sie glauben anscheinend, daß gestalterische Arbeit etwas mit der Dioptrien-Zahl, der Augenschärfe, zu tun hat.
Für mich ist Sehen eine subjektive Bewertung meiner Sinneseindrücke. Ich kann mit geschlossenen Augen die wunderbarsten Bilder sehen. Wenn ich Musik höre, sehe ich Farben, Bewegungen, Räume. Selbst das Alphabet sehe ich farbig: Die Konsonanten haben die unterschiedlichsten Grautönungen, während jeder der fünf Vokale eine leuchtende eigene Farbe besitzt. Gedichte sind die herrlichsten Sprachbilder, die ich kenne.
Sehen ist ein sich ständig ändernder Prozeß, der abhängig ist von meinem seelischen Zustand oder meinem Lebensalter.
Meine alten Kinderbilder sind hauptsächlich Aufzeichnungen meines damaligen Wissensstandes: Ein Gesicht hat zwei Augen, eine Nase, einen Mund, zwei Ohren, Strichhaare. Eine Hand hat fünf Fingerstriche etc. etc.
Die ersten Landschaftsbilder malte ich während der Pubertät.
Erst als ich die Dreidimensionalität meines eigenen Körpers erfuhr, konnte ich Landschaft sehen. (Zu diesem Zeitpunkt beginnt in der Schule der Geometrie-Unterricht.)
Heute sehe ich die Schönheit des Grases und der Steine.
Manche Dinge sehe ich überhaupt nicht. Ich kann keinen Geldschein beschreiben, obwohl ich täglich damit umgehe.
Ich kannte noch nie die Nummer meines Autos, erinnere mich selten an die Kleidung eines Menschen.
Solche »unwichtigen« Bilder lösen sich nach kurzer Zeit auf. Die anderen, mir wichtigen Bilder behalte ich ein Leben lang im Gedächtnis, kann sie abrufen, abmalen, beschreiben, neu gestalten.

Helme Heine

Kinder haben dieselben Probleme wie Erwachsene, leben in derselben Welt. Sie lösen sie nur anders. Ein Vierjähriger versteht das durchaus: eben auf einer kindlichen, elementaren Ebene.

Helme Heine

1987

Vor vielen, vielen Jahren,
als die Märchen noch jung waren,
steckte in jedem Bären ein Prinz
und in jeder Prinzessin ein Bär.

War ein Bär es leid, als Fischer
oder Jäger im Wald zu leben,
stellte er sich an die Straße und
wartete auf eine Prinzessin.

Sigmund Freud definierte Religion als einen »Versuch, die Sinneswelt mittels der Wunschwelt zu bewältigen«. Wenn das stimmt, ist Helme ein religiöser Mensch, denn wer seine Kinderbücher kennt, weiß, daß es für sie keine treffendere Definition gibt als: der Versuch, die Sinneswelt mittels der Wunschwelt zu bewältigen.

E.W. Heine

Sie vertreibt die Dunkelheit
und entführt dich ins Paradies der Träume.
Du kannst es mit deinem Herzen sehen.

Viel verdanke ich der Arbeit am Theater. Man hängt nicht einfach Bild an Bild wie im Kalender, sondern inszeniert eine Geschichte. Die Bilder sollen nicht den Text wiederholen, sondern zwischen den Zeilen illustrieren oder sich gegen den Text stemmen, um Spannung zu erzeugen.

Helme Heine

Da war Mutter Meiers Geduld zu Ende. Sie lief in den Nachbargarten und beutelte den Pfirsichbaum, bis die Meiertöchter herunterfielen, und schleppte sie nach Hause.
Zu Hause schimpfte sie, daß das keine Art sei. Und daß die Meiertöchter nun die schlimmsten Kinder in der ganzen Siedlung seien und daß sie sich ihrer schämen müsse. Die Meiertöchter aber lachten. Mutter Meier hatte Tränen in den Augen, als sie rief: »Was hat euch denn bloß so verändert, Kinder?«

»Ich bin so versessen wie die Tomanis und schaue schon jeden Morgen ängstlich in den Spiegel, ob ich irgendwo Blautönungen auf meiner Haut entdecke.«

Helme Heine in einem Brief an den Verlag

1976

»Das Tomanibuch natürlich«, sagte die Luise.
Und die Liese sagte: »Die Tomanimädchen jäten auch kein Unkraut und häkeln keine Topflappen und waschen kein Geschirr!«

»Was tun denn die Tomanimädchen?« fragte Mutter Meier. »Sie lachen, singen, springen und schlagen Purzelbäume«, sagte die Luise.

Erzählt von Christine Nöstlinger

1986

Helme Heine –

Mit Kindern, Tieren und dem lieben Gott auf du und du

Mit vier Jahren erklärt der kleine Helme seiner Mutter: »Mami, ich möchte gern ein Schwein sein«, und sie antwortet, er sei schon eins, wenn er vom Spielen nach Hause käme. Er hat die selige, dreckige Kinderzeit nicht vergessen, nicht verdrängt. Ihm sind die geheimen kindlichen Wünsche und Freuden vertraut geblieben. Er kann noch heute aus dieser Welt schöpfen, und darum sind seine Figuren und deren Abenteuer so lebendig und so wahr. Sie sind ganz nahe am Kind. Vielleicht ist er selber ein wenig Kind geblieben. Die Leichtigkeit und fröhliche Unbekümmertheit seiner Bilder und Texte sprechen dafür.

Sein Leben begann ganz üblich. 1941 wurde er in Berlin geboren, ging brav zur Schule, machte sein Abitur, studierte Betriebswirtschaft und Kunst. Aber er wurde kein Kaufmann und auch kein Zeichenlehrer. Er stieg aus. Damals gab es weder diesen Ausdruck, noch war ein solches Verhalten üblich. Es erging ihm wie später seinem Hasenhelden Hans Knabberrabber: »Verrückt!« sagten die Leute, als er alle Brücken hinter sich abbrach, auf jede Sicherheit verzichtete und in die Welt zog: Europa – Asien – Afrika. In Afrika blieb er hängen. Zwei Jahre lebte er in Botswana, und seine »intelligenteste Hausfreundin«, die er je besaß, war Sauraja, ein schwarzes, hochbeiniges, afrikanisches Wildschwein. Ihm widmete er sein späteres Buch »Na warte, sagte Schwarte«, die Geschichte einer Schweinehochzeit mit Hindernissen, aber mit Happy-End, nämlich mit einem liebevollen Schweineschmatz des frischgebackenen Ehemannes auf den rosig-weichen Rüssel seiner Angetrauten und Hochzeitsnacht vor dem auf die Stallwand gemalten rosa Himmelbett. Für Schweine hatte Helme Heine von jeher eine Schwäche, sagte er doch: »Noch heute bewundere ich diese widersprüchlichen Tiere. Wer von uns hätte nicht gern sein eigenes zartes Wesen hinter einer so dicken Schwarte versteckt? Wer von uns genießt noch sein Essen wie sie? Wer darf noch beim Essen schmatzen?

Wer ungeniert und bewundert im Dreck spielen? Wer kann so saublöd dreinschauen und doch so klug sein?« Heine setzt solche verfemten Freiheiten genüßlich ins Bild und führt seine Schweinehelden als lustige Lebenskünstler vor.

Viele Väter sehen ihren Sprößlingen bei derartiger Lektüre interessiert über die Schulter. Aber an Kinderbücher dachte Helme Heine damals noch nicht. Nach Botswana und Moçambique zog es ihn nach Südafrika. Dort küßte ihn die zehnte Muse. In Johannesburg gründete er – im Stil von »Punch« – die Zeitschrift »Sauerkraut« und das gleichnamige Kabarett. Eine Produktion hieß »Weißer Mann, Superstar«. Bange war »HH« also nicht. Nebenher arbeitete er als Bühnenbildner, Schauspieler und Regisseur. Dann begann er zu malen und fand Beachtung, obwohl noch kein einziges Bild verkauft war und keine Ausstellung stattgefunden hatte. In einer führenden Zeitschrift erschien 1973 ein Feature über ihn. Der Autor des Artikels erkannte schon damals Helme Heines Stärken: seine Fähigkeit, im Bild den Charakter von Menschen einzufangen, die Transparenz seiner Bilder und die Kraft, die in ihrer Einfachheit liegt.

Seine Art zu malen bot sich geradezu an, Kinder zu erfreuen. Und so kam es dann auch: Er zeichnete sein erstes Kinderbuch, das »Elefanteneinmaleins«. Schon die Idee programmierte den Erfolg: Ein kleiner Elefant lernt zählen mit seinen Elefantenklößen – groß und rund wie Fußbälle –, die er jeden Morgen produziert.

Die Grafiken zu diesem Bilderbuch und den Text, noch in englischer Sprache, brachte Helme Heine auf der Buchmesse 1975 Gertraud Middelhauve an den Stand – und mit dieser ersten Begegnung zwischen Verlegerin und Autor begann die Bilderbuchkarriere von Helme Heine im Gertraud Middelhauve Verlag. Helme Heines Erstling erschien 1976. In Bologna wurde er mit dem »Premio Grafico«/Ehrenliste ausgezeichnet, in Deutschland mit dem Titel »Schönste deutsche Bücher«, der WDR produzierte den Film. Das »Bulletin Jugend und Literatur« nennt Heine einen Senkrechtstarter.

Helme Heine: Schönes Wochenende aus: Sieben wilde Schweine © Gertraud Middelhauve Verlag GmbH & Co. KG, Köln
204 79145

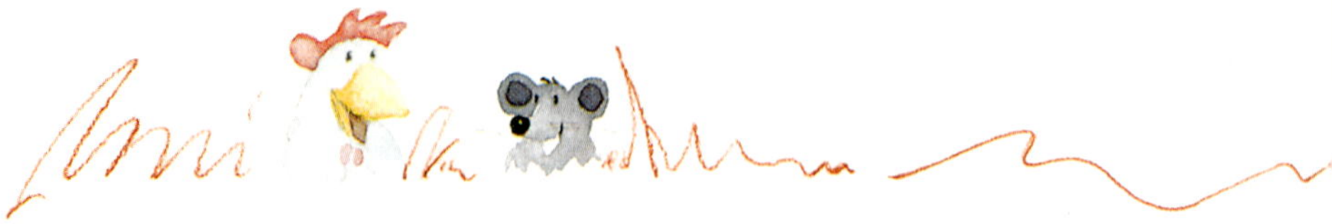

Er hat seinen künstlerischen Weg gefunden und zieht daraus die Konsequenzen: Er kehrt 1977 nach Deutschland zurück – voller Ideen für neue Kinderbücher. Noch aus dem Koffer lebend, malt er im Gertraud Middelhauve Verlag in Köln die letzten Bilder für »Na warte, sagte Schwarte«. Das Buch erhält den »Deutschen Jugendbuchpreis«/Auswahlliste. Für den WDR produziert Helme Heine den Schwarte-Film mit, und viele weitere sollten folgen. Es werden Lizenzverträge abgeschlossen mit Japan, Schweden, Holland, Italien, Frankreich, Spanien, USA, England und mit Buchclubs. Heine nimmt seine Bücher und geht auf Lesereise durch Deutschland. Er liest und malt und schauspielert. Die Kinder hängen an seinen Lippen, klatschen, spielen mit. Er fasziniert, wohin er kommt.

Viele Illustratoren machen sich nicht klar, was Bilderbücher wirklich sind. Sie können besser malen als ich, aber sie schmücken die Geschichten nur. Es geht aber darum, Geschichten mittels der Bilder zu inszenieren.

Helme Heine

1978 erscheint »Richard«, die Geschichte eines kleinen Raben, der Kühe aufs Kreuz legt, dem Widder die Stirn bietet und den stolzen Adler würgt – aber dabei alle Freunde verliert. Gleichzeitig kommt der »Superhase« heraus und bekommt den »Hans-Christian-Andersen-Preis«/Ehrenliste. Beide Bücher werden mit dem »Deutschen Jugendbuchpreis«/Auswahlliste ausgezeichnet, für das Fernsehen verfilmt, erscheinen als Lizenzausgaben in vielen europäischen Ländern, außerdem in den USA, Japan und in Südamerika. Das »Zeitmagazin« veröffentlicht die ersten Cartoons von Heine. 1979 erscheint »Fantadu«. Dieses Buch ist ganz anders als die vorhergehenden. Zauberformeln für Kinder lösen sich auf in zarte Bilder, schaffen »Spielraum für kindliche Tagträume und Imagination«. Der Erfolg aber ist der gleiche: »Deutscher Jugendbuchpreis«/Auswahlliste, Verfilmung, Lizenzausgaben, Video. Dann erscheint »Tante Nudel, Onkel Ruhe und Herr Schlau«. Die Heldin der Geschichte, Katalinchen, ein schmächtiges kleines Mädchen, aber ein Energiebündel von einem Kind, fährt in die Ferien und bringt Leben in den Alltagstrott der Erwachsenen. Wieder ein Spaß für Kinder.

So geht es weiter, Buch für Buch, und jedes ein Kunstwerk für sich. »Freunde« (1982) ist inzwischen in 16 Sprachen übersetzt, erhielt neben

der Auszeichnung »Schönste deutsche Bücher« acht weitere nationale und internationale Preise, wurde in Japan als das beliebteste ausländische Bilderbuch ausgezeichnet und gehörte in der »New York Times« zu den zehn besten Büchern des Jahres.

Die Verschiedenheit der Freunde schafft nicht nur amüsante Situationen, sondern auch Probleme. Wie die drei damit fertig werden, das könnte auch Erwachsenen als Modell dienen. Dem Spaß aber tut die Lebensphilosophie Helme Heines keinerlei Abbruch. Einmal stellt Franz von Hahn fest: »Technik ist gut, Freundschaft ist besser.« Recht hat er! Heine kennt das Leben und erweist sich insbesondere als ein Meister des Menschlich-Allzumenschlichen. Seine Katzen und Schweine, Biber, Hasen und Hühner spiegeln die Menschen und das Leben und vermitteln den Kindern eine bunte, vielfältige Welt.

In seinem Buch »Samstag im Paradies« (1985) vermittelt er ihnen auch Gott und die höchst komplizierte Schaffung der ersten beiden Menschen. Natürlich geht es bei Helme Heine auch im Paradies nicht traurig zu. Gott schläft erst einmal aus, bevor er sich an sein letztes Werk macht. Aber Heine versteht sich auch auf feine und leise Töne. Mit Poesie und Zauber in Worten und Farben macht er Schwieriges faßbar: Der Mensch bekommt eine Nase, »um den Duft des Paradieses zu riechen, und zwei Ohren, um Gott zuzuhören, und einen Mund, um von den Wundern der Welt zu erzählen, und ein Herz, ein großes Herz, um die Schöpfung zu lieben.« Ganz folgerichtig sind bei Heine Adam und Eva Kinder. Gott schenkt ihnen das Paradies, und die beiden tummeln sich fröhlich darin. Dieses Buch ist ein großer Wurf mit einer einmalig neuen Art von Bibelillustrationen.

Zum Jubiläum 1986 erscheint der Prachtband »Sieben wilde Schweine«.

Kinder lieben Nonsens-Geschichten, und gewiß werden sie ein Krokodil lieben, das eine ganze Menagerie zum Frühstück frißt, außerdem »einen Elefanten und einen Unbekannten. Das reichte immer noch nicht aus. Da fraß es einen Vogel Strauß« und ist noch längst nicht satt. Man möchte immer mehr zitieren. Anfangs ein Geheimtip für Kenner, wurde Heine zu einem »der besten Bilderbuchmacher unserer Zeit« (LIT).

Auf einem verrückten Bauernhof, da gibt
»die Kuh hundert Liter Bier,
die Ziege spielt auf dem
Klavier ...
Der Bauer legt ein Frühstücksei
und das zu Weihnachten
im Mai.«

Wie macht der Mann das? Was nimmt so gefangen an seinen Arbeiten? Woher kommt sein anhaltender Erfolg? Einiges mag sich aus seiner Biographie erklären. Vor allem aber dürfte Helme Heine ein Beispiel dafür sein, daß sich Kunst von Können ableitet. Unter seiner Feder und unter seinem zarten Pinselstrich entstehen aus simplen Alltagsgeschehnissen eigene zauberhafte Welten, und darin werden Menschen und Tiere zu faszinierenden Persönlichkeiten. Alles wird lebendig und bezieht den Betrachter ein. Dazu kommt Heines Wort- und Bildwitz. Um ihn zu erkennen, muß man manchmal genau hinsehen. Dann erst entdeckt man Klein-Adam und Klein-Eva, wie sie sich ins zottige Fell eines riesigen Mammuts kuscheln. Oder daß eine der Kakteen, die die Frau im gelben Strohhut mit einer gelben Gießkanne begießt, ein Igel ist. Helme Heine kennt Kinder, und er weiß, was sie lieben. Dieses Wissen scheint ihm ganz unmittelbar aus Feder und Pinsel zu fließen. Vielleicht macht ihn das so überzeugend. Er überzeugte auch seine Kritiker. Im Lob sind sie sich bei allen seinen Titeln einig, und sie preisen den Zauber seiner zarten Farben. Sie seien »ein Triumph der Imagination«, meint »Publishers Weekly«. Und niemand bezweifelt, daß Helme Heines Bücher ein Spaß für Kinder sind, mehr noch: daß sie den kindlichen Betrachter beglücken, daß sie Wärme ausstrahlen, die zu Herzen geht.

Sie bescheinigen dem »großen Bildkomiker«, daß er über Humor, Witz und Phantasie verfügt und ein perfekter Artist ist.
Aber was sagt das alles wirklich über ihn und seine Kunst? Er soll selbst zu Wort kommen:
»Ich schreibe Bücher nicht für eine bestimmte ›Zielgruppe‹ , für ein bestimmtes Alter oder mit pädagogischem Doppelsinn. Ich bin keine ›moralische Lehranstalt‹ und kein Weltverbesserer, sondern ich schreibe und zeichne, weil es mir Freude bereitet. Ich sitze vor einem leeren weißen Blatt Papier. Mit wackeligem, noch ganz unsicherem Strich beginnt meine Hand eine Linie. Ein Berg? ›Nein‹, sagt mein Kopf, ›ein Profil‹, und schon befiehlt er der Hand, es zu vollenden. Sie läuft ins Haar, verliert sich fast darin, dreht ein paar Locken, zaubert das Lächeln einer Geliebten, die nur für mich lächelt, und wenn sie mir nicht hörig ist, lasse ich ihr eine Warze auf der Nase wachsen, um tröstend an ihrem Hals hinabzufahren, mich auf das Kommende freuend. So geht es mir auch mit meinen Büchern. Ich zeichne, fabuliere, amüsiere mich köstlich mit meinen Figuren und Charakteren. Freue mich auf ihre morgendliche Begrüßung, wenn ich noch verschlafen ins Atelier komme. Verspreche, mich nie von ihnen zu trennen, um sie doch eines Tages zu verkaufen.
Das ist dann eine schreckliche Zeit. Die Zeit zwischen den Büchern. Ich stecke voller neuer Ideen, die sich drängeln, schubsen und ›hier‹ rufen. Ich lenke mich ab. Ich reise. Ich will Abstand bekommen, Platz machen für die nächste, die richtige Idee. Doch welche ist das? Ich fürchte, nie wieder ein Buch schreiben zu können. Bis, ja, bis zu dem Augenblick, in dem ich mich dabei ertappe, auf einen Zeitungsrand etwas zu kritzeln oder auf einer beschlagenen Fensterscheibe Männchen zu malen oder meine Finger im Sand eine interessante Linie entstehen zu lassen.
Die Linie, die Zeichnung beengt nicht. Sie macht frei, sie deutet nur an. Dem Leser wird nicht Realismus vorgekaut dargeboten. Er greift auf, verdaut die Andeutung und kann weiterdenken. Es ist ein herrliches Metier für Erwachsene und Kinder. Anregung ohne Einengung,

Der Begriff Unterhaltung hat einen trivialen Beigeschmack, aber gut gemachte Unterhaltung ist etwas sehr Schwieriges. Es gibt keine kritischeren Betrachter als Kinder. Ich merke das an den Briefen, die ich bekomme. Kinder merken sofort, ob etwas liebevoll durchdacht ist.

Helme Heine

1986

Andeutung ohne langatmige Interpretation. Was schätzen Menschen mehr als freie, mutige, ehrliche Erzählungen, die ihnen genug Raum lassen für ihre eigene Phantasie, für ihre eigene Entfaltung? Und wenn ich hin und wieder in meinen Büchern ein wenig Farbe zwischen die Linien mische, dann mögen sie mir verzeihen. Ich glaube sogar, sie haben es gern.
Es wird behauptet, daß Rauchen der vollkommenste aller Genüsse ist, weil keine Sättigung eintritt. Ich, als Nichtraucher, glaube das vom Zeichnen und Erzählen. Ich habe mich diesem Genuß total verschrieben. Ich glaube sogar, daß man das muß. Man kann nicht ein bißchen schreiben oder ein bißchen zeichnen, genausowenig wie man ein bißchen tot oder ein bißchen Jungfrau sein kann.
Entweder man ist ein Narr, oder man ist keiner.
Ich bin ein Narr.«

Es wäre zu wünschen, daß es auf der Welt viele solcher Narren gäbe wie Helme Heine.

Carl-Heinz Mallet

Tabaluga

Kurz darauf vernahmen sie [die Kolkraben] ein Grollen wie von tausend Löwen und einer Herde Elefanten zusammen. Fürchterlich fuhr es in Ohr und Herz: der weiße Tod.
Zuletzt kam die Lawine. Wie ein gewaltiger Wasserfall stürzte der Schnee ins Tal und riß mit, was im Wege war. Bäume, Blumen, Felsen, Getier – alles begrub die Lawine unter sich und verschlang das eigene Chaos. Als sie sich satt gefressen hatte, fiel sie friedlich in sich zusammen und schlief ein.

«Aller guten Dinge sind drei»,
sagte Nessaja.
«Wieso drei?» fragte Tabaluga.
«Es gibt Feuer und Eis. Was ist
das dritte?»
«Das Leben», antwortete Nessaja.
«Das Leben braucht beides, das
Feuer und das Eis.»

1977

Mitterrands Maxime »Un homme se construit«, ein Mensch macht sich selbst, gilt für Helme wie für nur wenige.
Seine zeichnerische Laufbahn begann erst mit dem dritten Lebensjahrzehnt. Aber einmal geweckt, entwickelte er sie zielstrebig-kraftvoll und von Anfang an erfolgreich.
Ohne Zweifel ist er nicht nur ein begabter Künstler, sondern auch ein ungewöhnlicher Lebenskünstler, der es versteht, die Sinnenfreude seiner

1995

Bilder auch auf sein Leben zu übertragen. Er betrachtet sein Schaffen als Gesamtkunstwerk, das sein Leben einschließt.
Er hat einen Beruf, den es auf der ganzen Welt nur ein einziges Mal gibt, er ist von Beruf Helme Heine.

E. W. Heine

Ich wollte ursprünglich nur ein Jahr raus, bißchen was von der Welt sehen, bin dann aber in Südafrika hängengeblieben. Wir haben dort im Theater und Kabarett gearbeitet und nebenbei aus Neugier die Märchen der Buschmänner gesammelt. Dort habe ich gelernt, daß eine gut erzählte Geschichte ungeheuer wertvoll ist. Daß, anders als in Europa, der Kopf nicht das Wichtigste ist.

Helme Heine

Atelier mit Seeblick

Das Holzhaus liegt am Seeufer. Ein Bootssteg führt ins Wasser. Auf den Planken ist ein Surfbrett abgelegt. Im Schilfgürtel tummeln sich Bleßhühner. Schwäne gleiten geräuschlos heran. Im offenen Wasser Haubentaucher, verschwinden im Wasser, kommen weiter entfernt wieder zum Vorschein. Hinter dem jenseitigen Seeufer schütterer Wald und einige spitztürmige Kirchen vor gemähter Wiese. Im Morgendunst der vorderste Kamm der Alpen. Idyllische Ruhe.

Ein Oberbayern wie auf der Postkarte. In solcher Stille hat man bestimmt gute Einfälle, läßt es sich grübeln, reflektieren, abwägen, verwerfen, fixieren. Fast angenehme Geräuschakzente durch die Züge, die nahebei auf der Strecke München-Rosenheim-Salzburg vorbeidonnern. Das Düsengedröhn der landenden oder von München-Riem startenden Maschinen liegt schon weit in der Höhe.

Das Haus strahlt gleichfalls Ruhe aus, handwerkliche Solidität. Nach alten Regeln im Stil der Umgebung errichtet, wirkt es keineswegs konservativ, eher zeitlos.

Helme Heines Atelier im ersten Stock: für »Workshop«-Romantiker eine herbe Enttäuschung. Keine Staffelei mitten im Raum, keine farbbekleckste Malerkittel, keine Dosen, Büchsen, Gläser mit Pinseln, Spachteln, Rohrfedern. Nur wenige Bildentwürfe an der Wand. Vor dem Fenster mit Seeblick ein schlanker Schreibtisch. Einige Bogen Papier, zwei Aquarellkästen.

Horst Künnemann

1995

Von Egon Friedell stammt der Satz: »Jeder Künstler ist im Kern seines Wesens ein Kind, so wie jedes Kind ein Künstler ist.« Das gilt ganz besonders für Helme. Er macht keine Kinderbücher, weil er mehr als andere Kinder liebt, sondern weil er mehr als andere ein Kind ist.

E. W. Heine

1991

1984

1984

1984

Fragen über Fragen

Die Menschheit teilt sich auf in Kinder und Erwachsene.

Ab welchem Alter aber ist ein Kind erwachsen?
Mit der Einschulung?
Mit dem Zahnwechsel?
Mit der Pubertät?
Mit dem Führerschein?
Mit der Wahlberechtigung?

Ich glaube, der Hauptunterschied zwischen Kindheit und Erwachsensein liegt darin:
Die Kinder lieben die Fragen,
die Erwachsenen die Antworten.

Da der Fragenkatalog der Menschheit seit Urzeiten der gleiche ist, gleichen sich auch die Kinder dieser Welt.
Erst bei dem Versuch, die Fragen zu beantworten, entwachsen sie der Kindheit.
Da die Antworten abhängig sind von Zeitalter, Religion, Kultur und da jeder Erwachsene eine andere Meinung hat, kämpfen sie nur noch um die richtigen Antworten.

Die Fragen haben sie längst vergessen.

Helme Heine

Mit ganz kleinen Kinder kann ich nichts anfangen. Neugeborene sind rosarote, total verknitterte Verdauungsbündel. Wenn es dann heißt: ganz der Vater, dann finde ich das ziemlich beleidigend. Kinder begreifen sich und uns noch als Tiere unter Tieren. Deswegen verstehen sie meine menschelnden Tiere viel besser.

Helme Heine

Das kleine Welttheater

Von kritischen Geistern wird schon seit langem beklagt, wir litten an einer Inflation der Bilder. Wie aber kann der Entwertung des Visuellen begegnet werden? Indem gute gegen schlechte Bilder zum Einsatz gelangen? Wer befindet da über das Qualitätsgefälle? Oder schlicht für einige Zeit mal fremd- oder selbstverordnete visuelle Askese? Ähnlich jener Aktion, bei der MitbürgerInnen eine Zeitlang ihr Fernsehgerät nicht mehr einschalteten, die »fünfte Wand« in der Wohnung gar wegschenkten oder einrissen? Hilft Rückzug auf die Sprache, auf die Macht der Worte?
Könnten gar Bilderbücher, ursprünglich nur für die Kleineren und Heranwachsenden geschaffen, zu Inseln der Ruhe in den Sturmfluten der übrigen Bilder werden?

Im Idealfall finden Kinder ihren Lieblingstitel, den sie wie Teddys und Puppen verschleißen, zu Tode knuddeln und schmusen. Geht's nach dem Willen der MacherInnen und Buchverteiler, beißen sich Kinder durch, studieren jeden Quadratzentimeter, haken sich lebenslänglich und damit auch bewußtseinsmäßig fest.
Doch vermutlich laufen Annäherungen ganz anders, weniger gefühlsbeladen und kitschträchtig. Immer wieder zu beobachten ist, daß Kinder zwar mit einem Buch hantieren. Daneben liegt dann aber noch irgendwelches Bastelzeug, eine Plastik-Laser-Weltraum-Knarre, während im Hintergrund die akustischen Signale von Küchenradio und Fernseher im Wohnzimmer sich durchmischen. Und auch jener Prozeß ist nicht unbekannt, bei dem Kinder vor der Glotze hocken und einen Stapel von Bilderbüchern simultan wie ein Daumenkino durchsurfen.

Bevor ich ein Buch mache, durchdenke ich alle möglichen Dinge, die vielleicht mit der eigentlichen Geschichte nichts zu tun haben. Ich sammle Ideen und lass' diese Monate liegen, um sie dann zu verändern oder auch wegzuwerfen. Bestand hat nur Elementares. Meine Theatererfahrung kommt mir sehr zu Hilfe. Ich besetze die Rollen in der Geschichte, überlege, welches Tier steht für welchen Charakter, was sagt er, wie sagt er es. Der Betrachter muß sofort das Gefühl haben, daß es ihm vertraut und ganz selbstverständlich vorkommt. Ich entwerfe die Kostüme, den Hintergrund und somit die ganze Bühne. Dann wird geschrieben und gemalt, und das Produkt bleibt drei Monate liegen, um es noch mal zu verändern. Dann erst gehe ich zum Verlag.

Helme Heine

Verglichen mit den zappeligen, aufgeregten, hektisch bis hysterisch geschnittenen, doppelt und mehrfach montierten Bildsequenzen von Werbespots, Videoclips, Computerspielen und Actionfilmen stellen die meisten Bilderbücher wahre Oasen gelassener Betrachtung dar. Helme Heine scheint als Oasenbauer eine besonders glückliche Hand zu haben ...

Vom konservativen Standpunkt her sollen Bilderbücher ein beruhigendes Gegengewicht zur hektischen Betriebsamkeit der anderen, als Konkurrenz empfundenen audiovisuellen Medien darstellen: das Bilderbuch als Medizin gegen übermäßigen Fernsehkonsum, die Vorlese- und Zeigestunde als Beruhigungstablette für hypermotorische, »hibbelige« Computer-Kids.
Allen Teilbildwelten, Bildanreizungen ist zumindest soviel gemeinsam: Sie stehen auf wackeligen Füßen, wenn ihnen nicht eine passende Geschichte zu Hilfe eilt.
Aufregend soll's zugehen, Neugierde soll geweckt werden, Einsichten sind zu vermitteln.
In einer reflektiert fortgeschrittenen Phase, in der wir uns entweder schon längst befinden oder auf die wir uns zwangsweise zubewegen, wandelt sich die skizzierte Polarisierung in einen edlen Wettstreit. Die Medien werden vernetzt, wie es so schön heißt.

Für Helme Heine haben diese kontroversen Positionen eigentlich nie existiert. Er kam vom Theater, der Bühne. Er schuf in all seinen Bilderbüchern neue Bühnen, das dazugehörige Personal, Szenerien, Dekorationen und Kulissen und entwickelte neue Dramen.
Er belieferte weiter Magazine mit kritischen »Cartoons«, gab seine vorhandenen Arbeiten für Zeichenfilme frei oder schuf neue Geschichten, die im Fernsehen und in Trickfilmstudios das Laufen lernten.

1989

Wie alle Künstler ist Helme abergläubisch. Als ihm einmal eine Handliniendeuterin prophezeite, er würde zu einer bestimmten Zeit auf einer bestimmten Mittelmeerinsel seinem Schicksal begegnen, fuhr er hin. (Natürlich nur so und ohne recht daran zu glauben!?!?)

E. W. Heine

All die Bilderbücher von Helme Heine paßten spielend auf eine CD-ROM. Uns interaktiv in die jeweilige Geschichte einzuklicken, ersetzt jedoch bis heute nicht den Umgang mit einem Buch. Es aus seiner Umhüllung, Verschweißung herauszulösen, es behutsam zu öffnen, es zu beschnuppern, Druckerschwärze und Frische des Farbdrucks einzuatmen, es an unser Herz zu drücken – vielleicht sogar hineinzubeißen. Solch existenzerfüllender Umgang mit CD-ROM? Undenkbar!

Wenn wir finden, seine gewählten Bild- und Sprachformen hätten etwas Endgültig-Zeitloses an sich, geraten wir rasch zum Schluß: Helme Heine ist ja ein Klassiker!

Romantisches, zu Beginn des 19. Jahrhunderts entstanden, rankt sich bis heute fort. In unserem medialen Alltag oft durch Fantasy und üppige Science-fiction-Produkte verwässert. Helme Heine hingegen nimmt die »blaue Blume« der Vergangenheit und reicht sie ans Jahr 2000 und darüber hinaus ...

Horst Künnemann

Ich mag Schweine sehr. Ich hatte in Afrika eine schwarze Sau als Haustier. Sie hatte ein Halsband und ist neben mir auf dem Beifahrersitz Auto gefahren. Ich liebe auch Vögel sehr. Früher trug ich den Spitznamen Bär. Alles Möglichkeiten, aber lassen Sie mir mein Säugetierdasein, so wie es ist.

Helme Heine

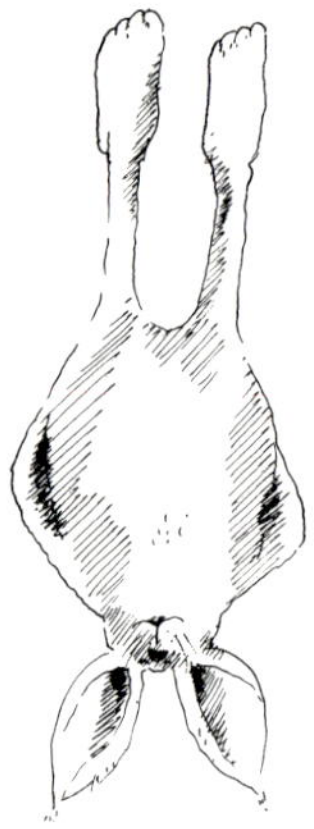

Hans Knabberrabber
lag im Gras und träumte.
Woher kommen die Wolken und wohin fliegen sie?
Wie werden die Mohrrüben rot in der schwarzen Erde?
Warum sieht ein Hase wie der andere aus?
»Ach«, seufzte Hans Knabberrabber, »die Hasenohren
sind lang, aber das Hasenleben ist kurz.«

Und schon nagte die Frage in seinem Hasenkopf,
die ihn am meisten beschäftigte:
Wie werde ich berühmt?
»Wer berühmt ist, ist anders als die andern – also:
wer anders ist als die andern, wird berühmt!«
So dachte Hans Knabberrabber in seinem Hasenhirn
und beschloß, anders zu werden als die andern.

1978

Und dann begann ein Kampf, von dem die Raben noch in hundert Jahren erzählen werden:
Ich kämpfte gegen mich. Der linke Flügel kämpfte gegen den rechten Flügel, die Krallen gegen den Schnabel, das Herz gegen den Kopf.

Einen ganzen Tag und eine ganze Nacht.

1978

Erst am nächsten Morgen gab ich auf. Ich war zu Tode erschöpft. Ich hatte mich selbst besiegt.

1989

Der Begriff »Wirkungsgeschichte eines Buches« ist schwer belastet. Konkret: Wie kommen die Bilderbücher Helme Heines bei den eigentlichen Zielgruppen, also bei Kindern zwischen 3 und 13 an? Es macht natürlich einen Riesen-Unterschied, ob Helme Heine in Mal-Aktionen und »Happenings« auf großem Format und mit Staffelei mit Hilfe der Kinder und ihren Anregungen, Vorschlägen, Korrekturen ein Bild, eine Szene entstehen läßt oder ob ein Kind mit sich und dem Buch allein im stillen Winkel sitzt (den es ja kaum noch gibt; irgendwo läuft garantiert ein Tapedeck, Kassettenrecorder, das Radio- oder Fernsehgerät).
Wirkungsforschung ist zeit- und kostenaufwendig, von Forschungsinstituten allein nicht mehr finanzierbar. Fachleute, trainierte StudentInnen werden dabei gebraucht, richtige Fragebögen mit ihren Professoren zu entwickeln und sie dann auch anzuwenden. Einzel- und Gruppeninterviews, Statistiken und ihre Auswertungen – bringen sie das erkundete Objekt Bilderbuch nicht leicht um?
Soviel Köpfe, soviel Sinne: Jedes Kind wird anders reagieren, Mädchen anders als Jungen. Tages- und Jahreszeit wirken mit, sorgen für Stimmungsänderungen. Wird ein heute geäußertes Urteil über ein Einzelbild, eine Bilderfolge nicht morgen schon wieder revidiert, zugunsten anderer Einflüsse über den Haufen geworfen?
Dennoch erweisen sich Helme Heines Bilderbücher über die Jahre und Jahrzehnte offenbar als wertbeständig. Liegt es an den MittlerInnen, den unermüdlichen Eltern, Müttern vor Vätern, »Tanten« der Kindergärten und Tagesstätten, den Tagesmüttern vor den wenigen Hausmännern und »Onkels«? Wir wissen es nicht, können es nur erahnen oder erraten. Die zuständige Wissenschaft läßt uns glatt im Stich. Bilderbücher haben offenbar ein Geheimleben, das sich nicht ausforschen läßt.

Horst Künnemann

Zur Erläuterung seiner Arbeitsweise sei folgendes Beispiel angeführt, das er während einer Lesung zum besten gab: »Da gibt es eine zu illustrierende Geschichte, in der der Goldhamster eines kleinen Mädchens in der Tür zerquetscht wird. Man könnte nun den totgequetschten Hamster zeigen. Wirkungsvoller aber fände ich ein Haus vor nächtlichem Himmel mit einem erleuchteten Fenster. Dahinter – so sagt man dem Kind – sitzt das kleine Mädchen und weint um seinen Goldhamster.«
Phantasie ist wichtiger als inhaltsgetreues Abbild.

E. W. Heine

Über die wirklichen Zauberer

Der wirklichen Zauberer, die mit H anfangen, gibt es höchstens drei: Hamsun, Hanussen und Helme Heine.
Alle anderen sind nur Trickser, gewöhnliche.
Früher gab's noch eine Zaubrerin mit K, die Ruth Koser-Michaels, die wunderbare Aquarellistin, die unsere Jugendmärchenbücher ausmalte. Ach, wie träumte ich mich fort aus der wüsten Welt der Nachkriegsjahre, als der Christkindschlitten durch andere Himmel zog – hin zum Kalifen Storch und zum süßen Brei. Sie war – in ihren Bildern – eine wirkliche Zaubrerin.

Heute ist das alles fünfzig Jahre her – dafür habe ich das Glück, ein Kind zu lieben, ein reines Glück von fast drei Jahren, dem jeden Abend vorgelesen werden muß!
Und dieses Kind liebt den Hasen mit der roten Nase, das schönste Ei der Welt, Napoleons Ringelschwanzlocke und die Freunde, die sich hinter dem Hühnerstall bei der Regentonne ewige Freundschaft schwören – und sie sind alle vom wirklichen Zauberer Helme Heine gemacht.

Ein witziger Zauberer mit schönen Hintergedanken ist er, bringt selbst mich altes Haus wieder zum Träumen, hinaus in die zartbunte Welt seiner Schweinegeschichten.
Ach, was! Der Teufel soll sie holen, die verkrampften Pädagogen mit ihrem ausgedachten Quark von heute! Es lebe Mullewapp! Ich möchte im gelben Getreidefeld verschwinden, zum roten Kirchturmdach laufen, um den Seeräuber zu treffen, der seiner Mutter einen Brief mit der Flaschenpost schickt. Was da wohl drinnen steht?
In einem Raum voll Wurst und Käse – wie ein Traum, reimt Helme Heine auf Grieß Paradies! Aus drei Worten eine Figur schaffen – aus drei Sätzen ein Milieu – das konnte vor ihm nur Nestroy.

Sie leben beide hoch!

Peter Steinbach

1990

1990

1990

1991

Die städtischen Bühnen hatten einen Vertrag mit der Wasserburg. Während der Spielsaison wohnten die Schauspieler bei uns. Mit ihnen haben wir viele unvergeßliche Abende verbracht. Bernhard Minetti erzählte Schwänke aus dem Theater. Horst Tappert, Werner Kraus, Alexander Engels, Pinkas Braun, Will Quadflieg und viele andere fühlten sich bei uns zu Hause und versorgten uns mit Freikarten für Theaterpremieren.

E. W. Heine

1995

Helme Heines Tier- und Menschenleben

Erkennbar wird ein Mikrokosmos für Kleinere und Größere. Das sinngemäße Luther-Wort, die Tierfabel sei vorzüglich dazu geeignet, durch die Verkleidung (»Verfremdung« lt. BB) die Menschen »zur Wahrheit zu betrügen«, hat Helme Heine wieder und wieder unter Beweis gestellt.

Tiere liefern modellmäßig, wozu Menschen oft nicht mehr in der Lage sind. Viele Motive der Märchen- und Mythenwelt, der gängigen Abenteuer- und Reiseliteratur hat er dabei auf seine Weise variiert.

Typische Lebens- und Alltagssituationen hat er so überschaubarer gemacht. Er scheint für das Ende unseres Jahrhunderts so etwas geworden zu sein wie ein Familien-Humorist in der Nachfolge des Wilhelm Busch oder Olaf Gulbransson und E. O. Plauen, Schärfe des Bisses und rabiater Zuschlag dort, wo es geboten erscheint, inbegriffen.

Horst Künnemann

1982

Es waren einmal drei Hühner –
Pünktchen, Latte und Feder,
die stritten sich, wer die Schönste
von ihnen sei.

»Es kommt auf die inneren Werte
an«, sagte der König.
»Wer das schönste Ei legt, soll
gewinnen und Prinzessin werden.«

1985

Fünf Tage hatte er gesägt,
gehämmert und gemalt,
Pläne geschmiedet und wieder
geändert.
Er hatte gerechnet, geschrieben
und gezeichnet, gemessen und
gewogen.
Jetzt war sein Haus leer,
Stille war eingekehrt.

Nur den Menschen mußte er noch
schaffen, und diese Aufgabe
hatte er sich für den Samstag
aufgehoben.

Er wollte ein Geschöpf schaffen,
das ihm ähnlich sei.

1977

Da fiel Schwarte siedend heiß ein, was er vergessen hatte: die Kleider! Aber Schwarte dachte: »Na warte!« – denn in seinem Schweinskopf steckte immer eine gute Idee. Er ging in den Stall und holte die alte Schubkarre mit den Farbtöpfen.

»Wir malen unsere Kleider selbst!« rief Schwarte. Und jeder bekam das Kleid, das er schon immer haben wollte.

1994

Die Schweine von Helme Heine

Helme Heines Bilderbücher sind gesund. Seit wir sie etwas besser verstehen, wird bei uns kein Schweinefleisch mehr gegessen.
Höchstens mal auf der Kirmes ein Würstchen mit Senf.
Natürlich wissen wir, daß die Tiere gemalt sind. Wer selber malt, weiß das. Aber die Tatsache, daß man eine Schweinehochzeit *malen* kann, bedeutet ja nicht, daß es keine Schweine gibt.
Einmal hat sich sogar einer unserer Teddys in ein Schwein verwandelt. Er heißt eigentlich Bernd, dieser Teddy, aber nach seiner Verwandlung nannten wir ihn Waldemar.
Er war ein bißchen eigensinnig, dieser Waldemar. So wollte er unbedingt Straßenbahn fahren.
Natürlich haben wir ihm den Gefallen getan. Wir wollten sowieso runter in die Stadt.
Leider gab es auf der Fahrt ein kleines Unglück: Während wir anderen brav ausstiegen, blieb Waldemar sitzen und fuhr weiter. Wir waren jedenfalls sehr in Sorge, aber der Vater hatte eine Idee.
Er rief den Fahrer an, wir hätten da eben in seiner Bahn ein Schwein vergessen, das wie ein Bär aussieht. »Hört auf den Namen Bernd oder Waldemar.«
Der Fahrer verstand nicht gleich, was der Vater meinte.
»Moment mal«, sagte er, »wieso ist der Bär jetzt ein Schwein, und wieso heißt er mal Bernd und mal Waldemar? Wer sind Sie überhaupt?«
»Mein Name ist Hase«, sagte der Vater.
Da begriff der Straßenbahner dann doch, was gemeint war, und schickte das Bärenschwein mit der nächsten Bahn zurück.
Das hättet ihr sehen müssen, wie der dicke Waldemar angefahren kam. Er saß direkt neben dem Fahrer und schaute vorne zum Fenster raus.
Drei Tage lang erzählte er allen Puppen und Tieren, was er auf seiner Fahrt erlebt hatte. Sogar die Knetfiguren mußten zuhören. Jetzt, wo er

Helme ist ein reiner Augenmensch. Ich kann mich nicht erinnern, je in seinen Wohnungen ein Radio oder einen Plattenspieler gesehen zu haben. Die Tatsache, daß er heute einen besitzt, hängt wohl damit zusammen, daß seine Lebensgefährtin nicht darauf verzichten mag.
Für Heine sind Töne immer Farbtöne. Selbst seine Texte sind farbige Skizzen. Umgekehrt sind nur wenige Zeichner so starke Erzähler wie Helme. Jedes seiner Kalenderblätter ist eine originelle Geschichte.
Helme übersetzt Bilder in Sprache und Wörter in Farbe. Nicht anders ist es mit der Musik.

E. W. Heine

1995

wieder ein Bär ist, will er ein Buch drüber schreiben. Heißen soll es: »Wie ich mal ein Schwein war, das Schwein hatte.«
Nun wollt ihr vielleicht noch wissen, wie wir die Bilder von Helme Heine finden. Das hat der Vater auch schon gefragt.
»Wie findet ihr die Bilder von Helme Heine?« sagte er erst gestern wieder.
»Schön«, sagten wir.
»Und warum?«
»Weil sie schön sind.«
»Sonst nichts?«
»Nein. Schön reicht doch, oder?«

Peter O. Chotjewitz

1994

Noch ein weiterer Hauch von Paradies

In Deutschland herrscht eine seltsame Hirn- und Geistesschwäche. Sie unterteilt Literatur in eine solche (uneigentliche) für Kinder und Heranwachsende und eine weitere (eigentliche) für sogenannte Erwachsene. Helme Heine hat diese eigentümliche Parzellierung von Anfang an unterlaufen bzw. souverän überspielt. Seine Bildergeschichten und Tierfabeleien sind allemal in ihrem philosophischen oder theologischen Appeal für Kleinere *und* Größere geeignet. Und andersherum sind seine gesellschaftskritischen Cartoons in Zeitschriften, Magazinen und in Sammelbänden vielen aufgeweckten Kindern und Jugendlichen verständlich, einsehbar. Ihre »message« kommt bei all denen an, die sich ein waches, zeitkritisches Sensorium für fahrlässigen Umgang mit unserem Globus und für seine Ökologie bewahrt haben.

Horst Künnemann

Der Sommer ist die schönste Zeit,
der Tisch gedeckt, die Kälte weit.
Hans und Henriette
erzählen um die Wette
Geschichten für die Nacht –
erlebt und ausgedacht.

Italienisches Huhn

Amerikanisches Huhn

Afrikanisches Huhn

Englisches Huhn

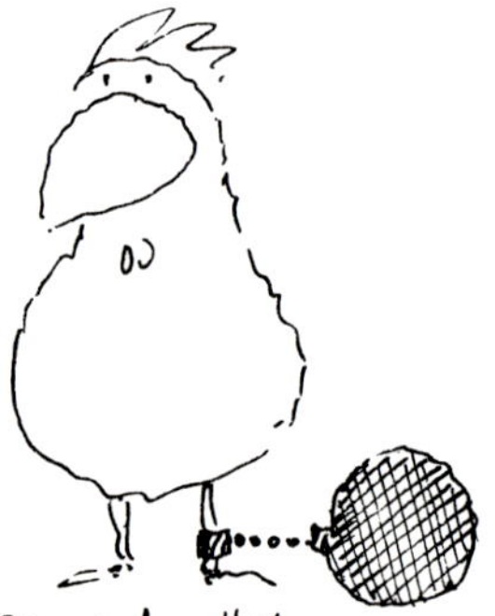

Russisches Huhn

Mexikanisches Huhn

1985

Spanisches Huhn

Judisches Huhn

Wienerwald-Huhn

Japanisches Huhn

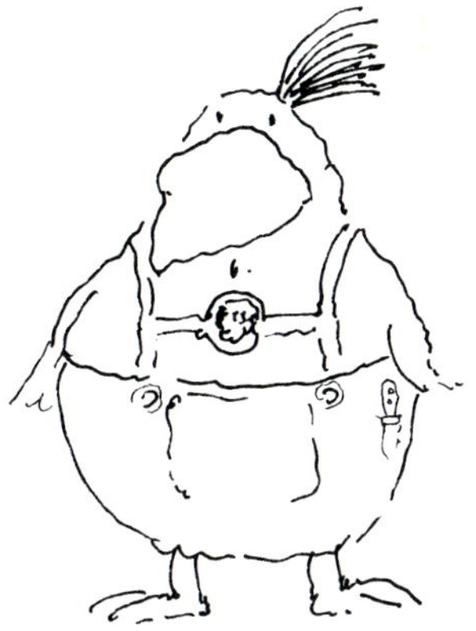

Deutsches Huhn

Französisches Huhn

Holländisches Huhn

Indianer-Huhn

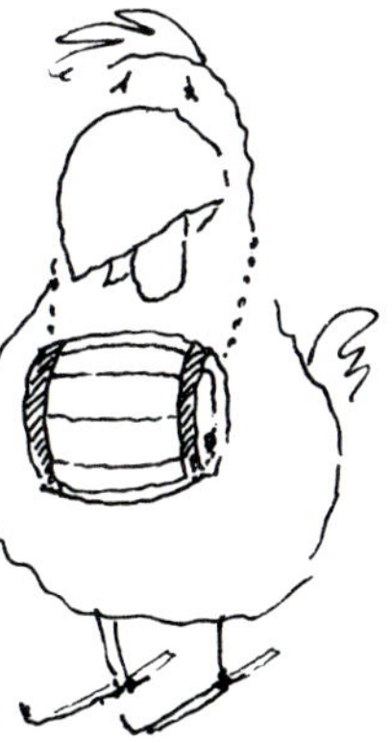

Schweizer Huhn

Piraten-Huhn

Eskimo-Huhn

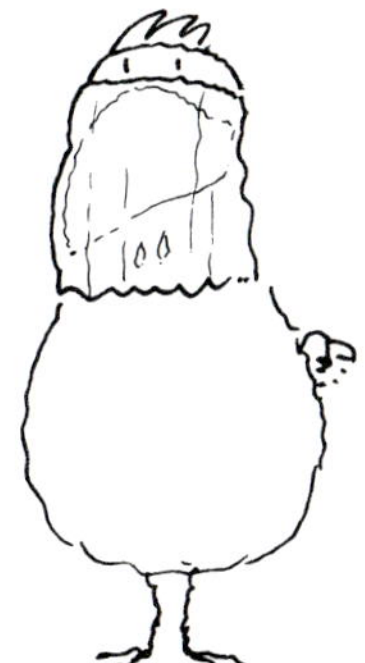

Arabisches Huhn

Obwohl er als Illustrator Gegenständliches gestaltet, ist er ein abstrakter Maler. Anatomie-Skizzen oder Studien nach der Natur interessieren ihn nicht.

Wenn er einen Hahn
zeichnet, geht er nicht
hin und guckt sich einen
Hahn an, sondern bringt
ihn vielmehr so zu
Papier,

wie er ihn sich vorstellt. Franz von Hahn, Johnny Mauser, der dicke Waldemar und all die anderen Kalendertiere sind liebevolle Abstraktionen eines beneidenswert kindlichen Vorstellungsvermögens.

E. W. Heine

1984

1983

1995

Helme verfügt über ein unheimliches Ballgefühl. Schon als Pennäler verblüffte er seine Mitschüler mit Jonglierkunststücken. Ob Hallenhandball, Tennis, Squash, Golf oder Billard – in allen Ballspielen erreichte Helme in kurzer Zeit eine unglaubliche Meisterschaft. Er hat mir einmal erzählt, daß er, wenn er in einem Zimmer warten muß, unsichtbare Billardkugeln gegen die Wände spielt und sich dann vorstellt, in welchem Winkel die Bälle wieder abprallen werden.
Dieses »bildhafte Denken«, das nicht mit dem Gehirn, sondern mit den Augen und körperlicher Sensibilität vollzogen wird, ist ganz gewiß ein Geheimnis seiner Bilder.

E. W. Heine

1995

Ich werde oft gefragt: »Machen Sie auch richtige Bücher?« Niemand käme auf die Idee, einen Kinderarzt zu fragen, ob er auch richtige Menschen behandelt. Ich mache viele Sachen, von denen man nichts weiß. Ich arbeite als Bildhauer, schreibe ein Theaterstück, ein Drehbuch … E.T.A. Hoffmann hat geschrieben, musiziert und gemalt, Hesse hat wunderbare Aquarelle gemacht, Grass illustriert seine Bücher. Aber heutzutage wird man in Deutschland auf ein Gebiet festgelegt. Wir waren bettelarm, aber die Bücher haben mir die finanzielle Freiheit gegeben, viele andere Sachen auszuprobieren.

Helme Heine

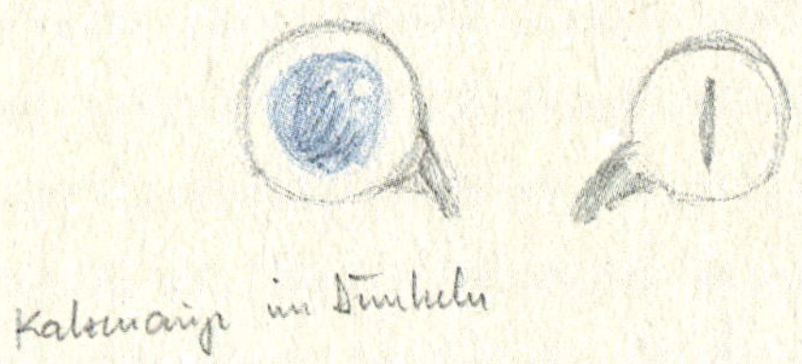

Viele denken: Die paar Zeilen und Bilder seien kein Problem. Aber die paar Zeilen sind das Ergebnis einer langwierigen Reduzierung auf das Wesentliche, wie in einem Gedicht. Ebenso die Bilder: Sie sind gefrorene Ideen.

Helme Heine

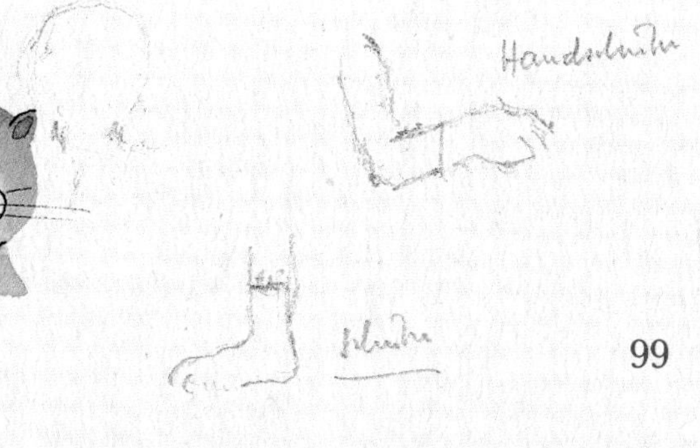

1995

Ich bin mir mit Helme einig, daß uns nichts so sehr geprägt hat wie Afrika. Über zehn Jahre haben wir dort gelebt. Fernsehen und andere »organisierte Unterhaltung« gab es nicht. Es war nur etwas los, wenn man es selbst in die Wege leitete. Wir haben Theater gespielt, eine Zeitung herausgegeben. Mit allem möglichen haben wir unser Geld verdient. In unserer Freizeit sind wir durchs Land gereist, haben geschrieben und gezeichnet.
Von den Schwarzen haben wir gelernt, daß Glücklichsein und Geldverdienen zwei verschiedene Dinge sind, daß man alt werden kann, ohne erwachsen werden zu müssen, und vieles mehr, das sich in Helmes Bildern wiederfindet.

E. W. Heine

Die Bärin liebte ihre Stola.
Sie schätzte die menschliche Wärme.

1995

Krebsmaus

In Deutschland war es grundsätzlich verboten, Lebewesen zu patentieren. Dieses Gesetz endete auf den Tag genau am 13. Januar 1994.

An diesem Tag wurde auf dem Patentamt München eine genmanipulierte Maus unter Erfinderschutz gestellt. Damit stehen fortan alle Nachkommen dieses Tieres unter Patentschutz, das heißt, sie gehören zur Auswertung dem, auf dessen Namen das Patent eingetragen worden ist.

Diese sogenannte »Krebsmaus« ist ein speziell zum Leiden geschaffenes Tier, dem man menschliches Erbgut in die Zellen geschmuggelt hat.
Daß es sich hierbei um ein ungeheuer lukratives Geschäft der Pharmaindustrie handelt, erkennt man an der Tatsache, daß derzeitig beim Patentamt München achthundert Anmeldungen für Lebendpatente zur Prüfung vorliegen. Der Bogen reicht von genetischer Schädlingsresistenz bei Pflanzen bis zur genetisch veränderten Milch beim Rindvieh.

Bekanntlich werden Patente nur auf völlig neue Erfindungen ausgegeben. Das heißt, wir erschaffen neue Geschöpfe, nicht bessere, sondern besser verwendbare: Form follows function!
Bruder Tier wird zum vierbeinigen Frankenstein.

Der Verbraucher hat ein Recht auf die cholesterinfreie Woll-Milch-Sau mit sechs Schinken.

E.W. Heine und Helme Heine

Wenn du einen Piraten triffst,
der mit seinem Holzbein über das Meer spaziert,
und ein Blinder beobachtet euch beide –
dann bist du im Paradies.

Wenn die Welt wie gemalt ausschaut –
dann bist du im Paradies.

Wenn du einen Hasen siehst,
der keine Angst vor dem Jäger hat,
dann bist du im Paradies.

Die Richtung meines künstlerischen Schaffens hat sich nicht geändert. Nur die Straße, auf der ich marschiere, ist etwas breiter geworden.

Helme Heine

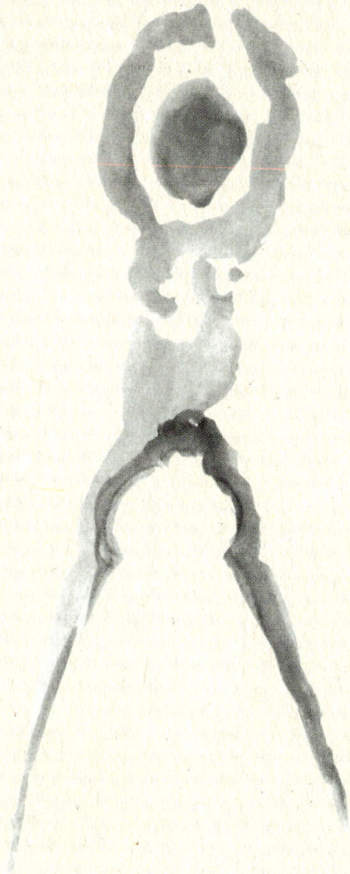

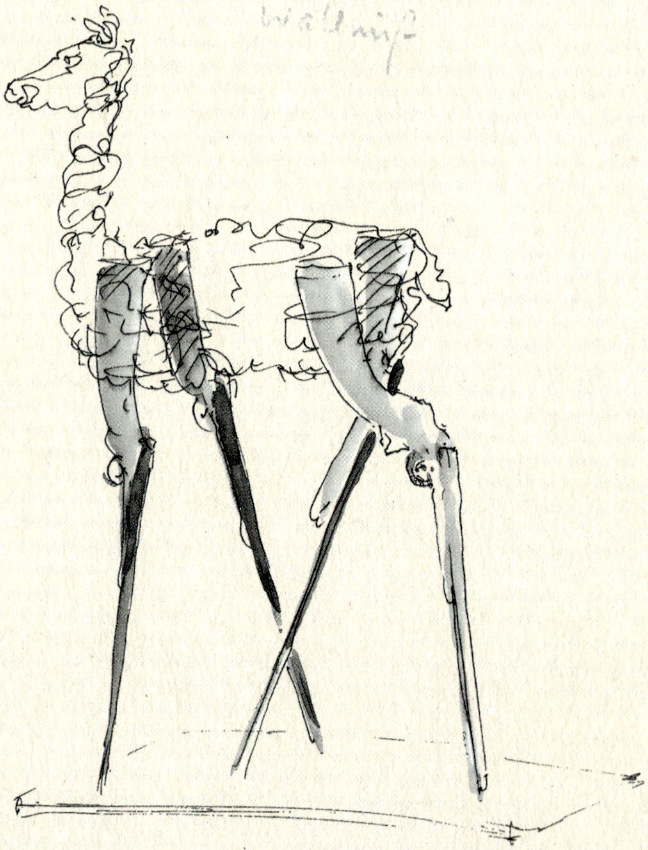

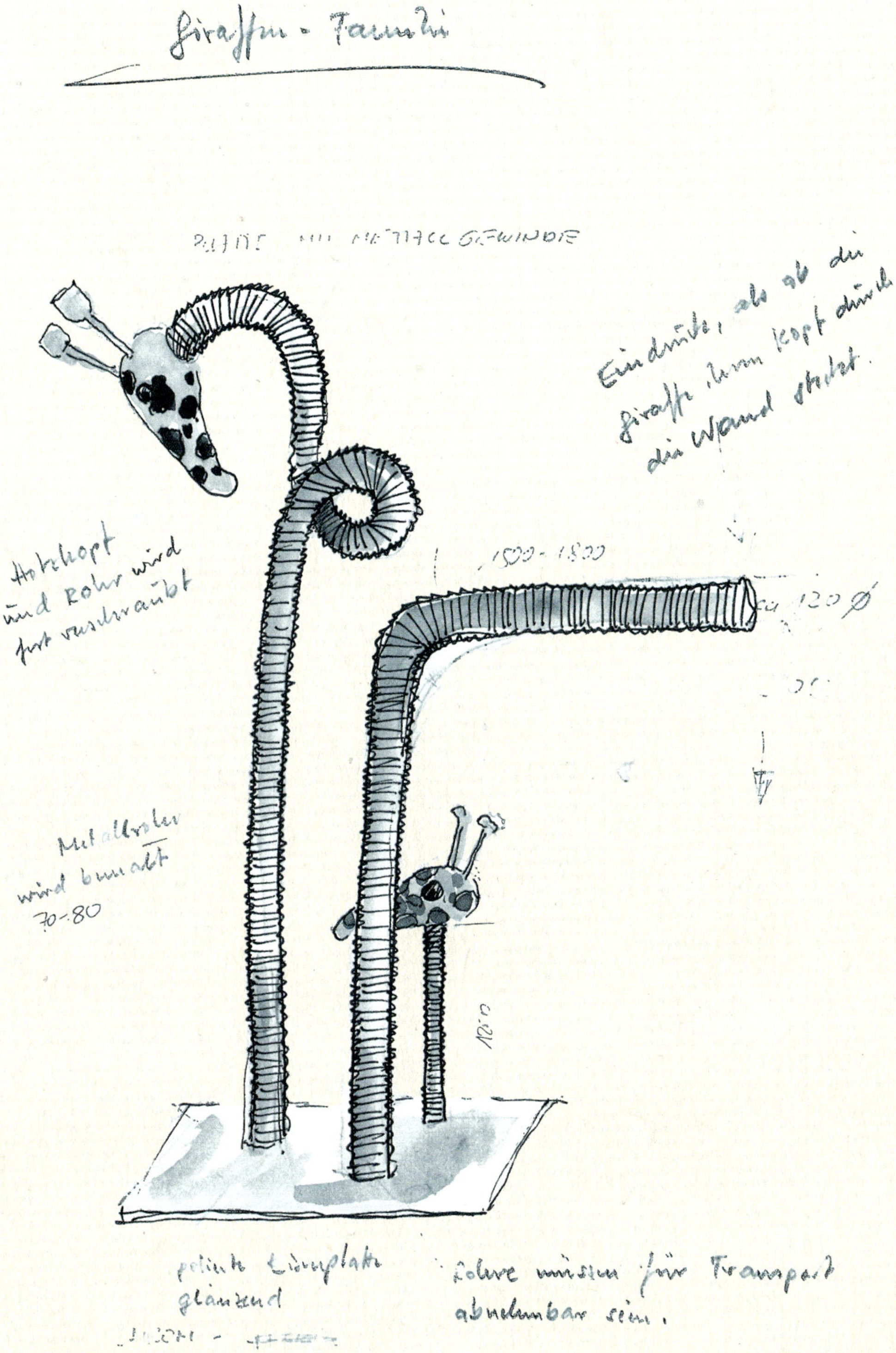

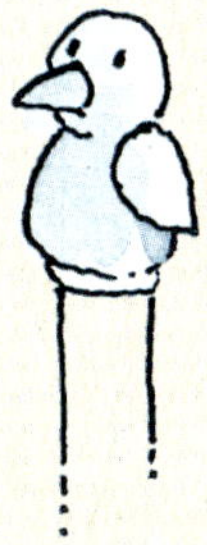

Skulpturen und Objekte

Bambi

Als Kind glaubte ich den Gebrüdern
Grimm:
In jedem Reh steckte ein verzaubertes
Brüderchen.

Walt Disney zeigte mir,
wieviel Busineß in so einem Tier
verborgen ist.

Als ich nach Afrika auswanderte,
verwandelte sich Bambi auf wunderbare
Weise in einen Springbock.

Zurück in Europa wurde ich aufgeklärt,
das Reh sei nur ein übler Waldschädling,
der dezimiert gehöre.

1996

Heute ist das edle Wild namenlos.
Stumm und domestiziert steht es wie Schaf
und Kuh auf einer eingezäunten Weide.
Seinen Nachruf findet man auf allen
Speisekarten.

So ändern sich die Zeiten.

Helme Heine

1996

Igels Traum

Daß man schlafend, mit geschlossenen Augen,
die wunderbarsten Dinge sehen kann,
faszinierte mich schon als Kind.

Hat der Schlaf seine eigenen Bilder?
Oder verarbeite ich nur das,
was ich gesehen und erfahren habe?

Haben Pflanzen Träume?

Träumen Mutter und ungeborenes Kind
das gleiche?

Träumt der Igel vom Wettlauf mit dem Hasen?
Oder mit dem Auto?

Oder mit der Zeit?

Helme Heine

folgende Doppelseite:
»Butcher Bird«
1995

Der blaue Vogel

Gestern wurde ein Vogel geboren.
Leicht wie eine Feder sitzt er mit ausgebreiteten, stählernen Flügeln auf einer Messingstange.

Wenn ich ihn anhauche, weicht er ängstlich zurück, um sich gleich wieder neugierig vorzubeugen.

Letzte Nacht riß der Sturm das Fenster auf. Der eiserne Vogel schwankte wild hin und her, kreiste und bog sich, als flöge er jeden Augenblick davon.

Ich schloß das Fenster.

Er konnte sich lange nicht beruhigen.

Helme Heine

»Meine Giraffen« ➤

folgende Doppelseite:
»Ein Horn« / 1995

1996

Uhren haben keine Bremse

Die Welt ist eine riesengroße Uhr, und ihre Zeiger wandern stumpfsinnig im Kreis. Nur der Kalender macht einen Unterschied zwischen gestern und heute. Niemand kann sagen, wie spät es wirklich ist. Fast jedes Land hat seine eigene Zeit. Die Pessimisten glauben, es sei fünf Minuten vor zwölf. Die Optimisten halten ihnen entgegen, daß es in Washington erst 5.55 Uhr ist und in Johannesburg schon fast eine Stunde nach zwölf.

Die Politiker wissen, was die Stunde geschlagen hat, zumindest behaupten sie das. Wir wählen sie, damit sie uns in das goldene Zeitalter führen, wo wir zeitlos wie im Urlaub leben können. Nur schnell muß es gehen, denn nichts hat der Mensch so wenig wie Zeit.

Uhren haben wir genug, aber keine Zeit.

Kaiser Karl V. hat sein Weltreich verschenkt, um Uhrmacher zu werden. Vielleicht wollte er hinter das Geheimnis der Zeit kommen. Vielleicht wollte er auch nur etwas mehr Zeit für sich selbst haben, denn Geld hatte er genug.

Womit bewiesen wäre, daß Geld nicht gleich Zeit ist.

Herr Einstein wollte uns ein bißchen trösten, als er uns mitteilte, daß die Uhren um so langsamer gehen, je schneller wir uns bewegen. Die Arbeitgeber haben es gerne gehört, verstanden hat es keiner.

So stolpert jeder auf seine Art durch Zeit und Raum. Der eine stemmt sich gegen die Zeit, ein anderer läßt sich treiben, ein dritter rennt dem Zeitgeist hinterher. Die Uhren kümmert das wenig.

Nehmen wir es stoisch, lauschen der inneren Uhr und stellen fest:

Ich ticke, also bin ich!

Helme Heine

vorherige Doppelseite:

»Bruder Tier« / 1994

»I« / 1993 ➤

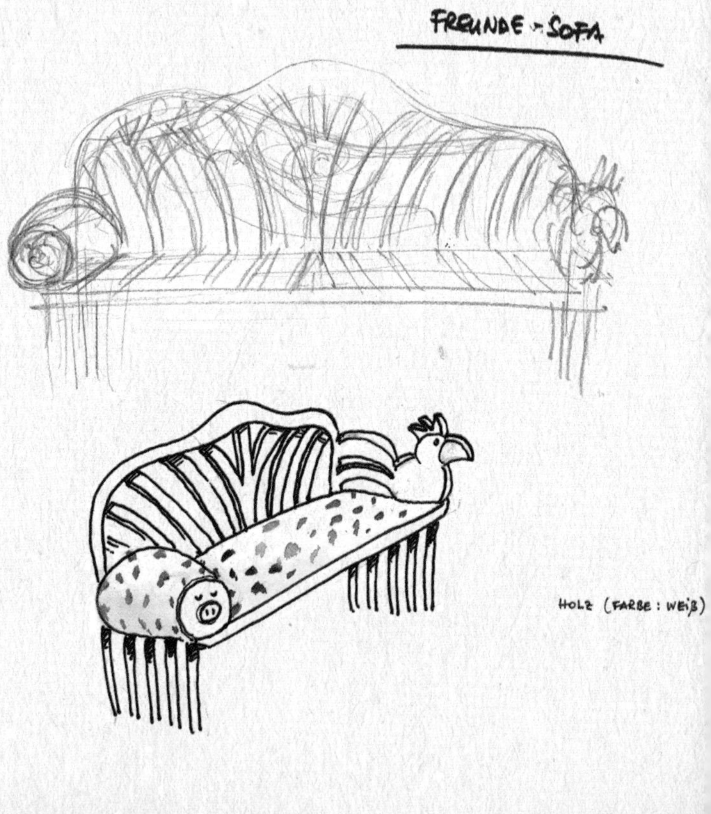
FREUNDE-SOFA
HOLZ (FARBE: WEIß)

Möbel für kleine Freunde

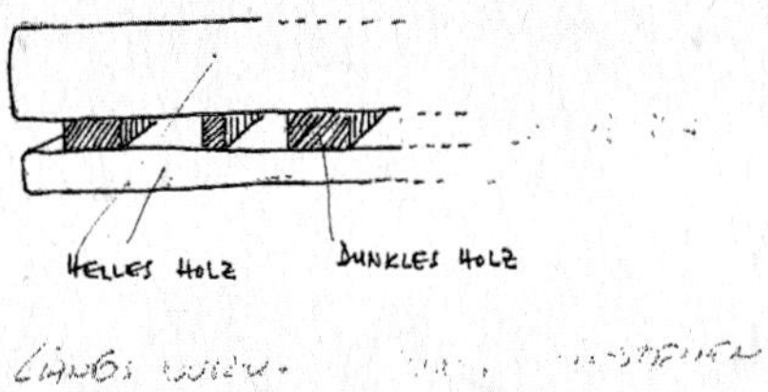

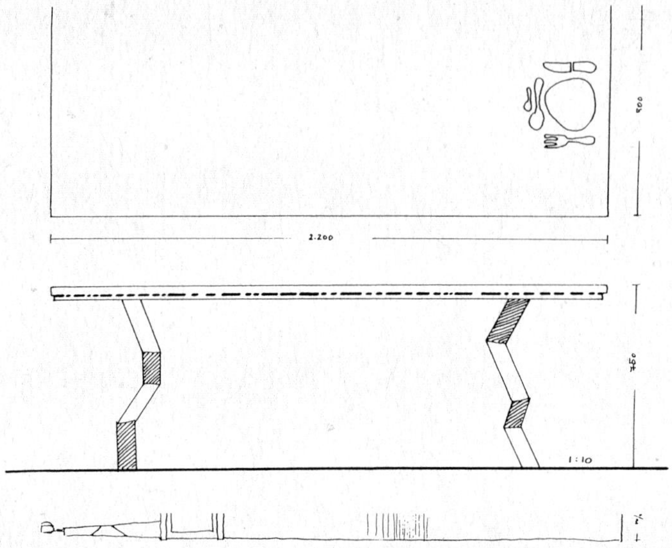

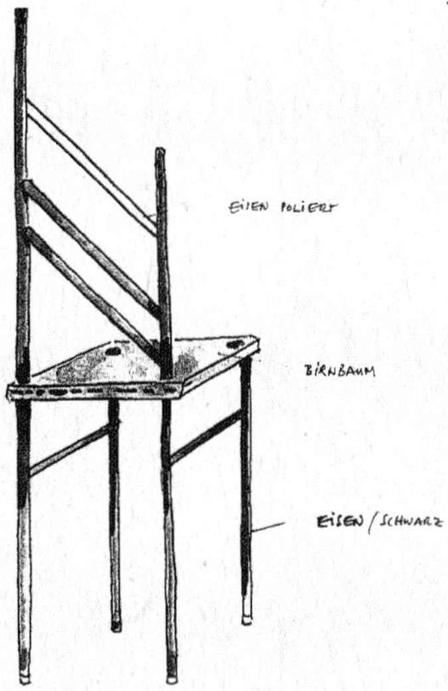

Mit Design und Skulptur beschäftige ich mich seit den 60er Jahren, als ich ein Jahrzehnt in Afrika verbrachte und mir mein Haus, meine Möbel, meinen Garten, meine Bilder und Skulpturen selber schaffen mußte, weil es nichts gab, was meinen Vorstellungen entsprach, oder weil ich nicht das Kapital hatte, mir europäische Importe zu leisten.

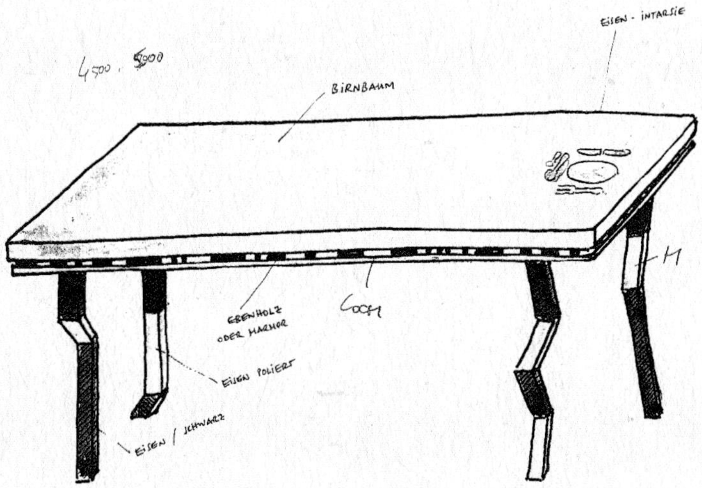

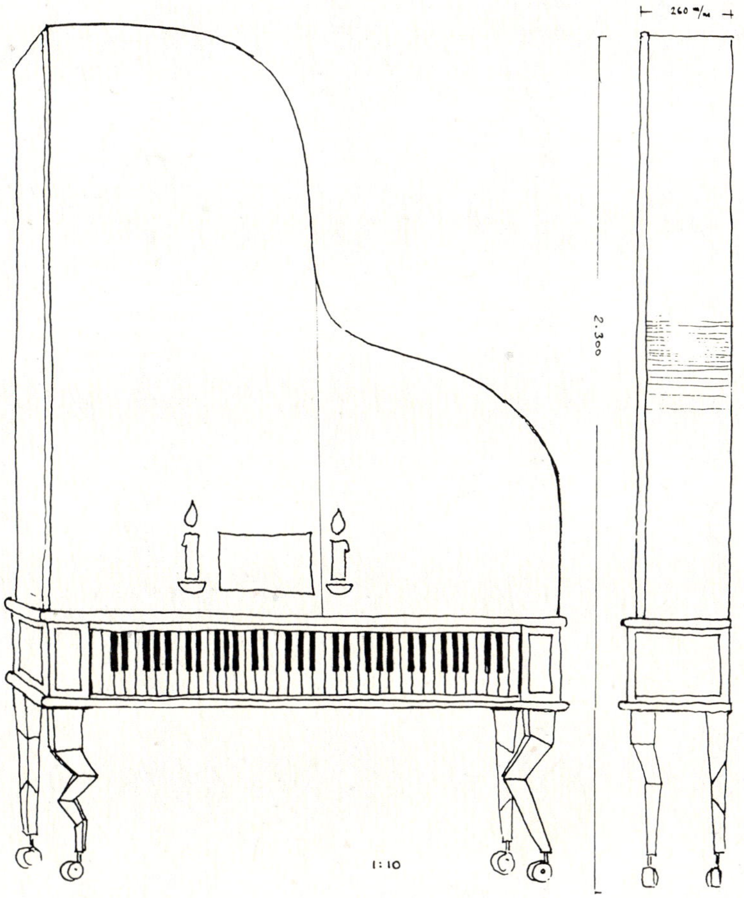

Möbel für gute Freunde

Am liebsten mag ich den Eßtisch.
Groß muß er sein, damit viele Gäste daran Platz haben.

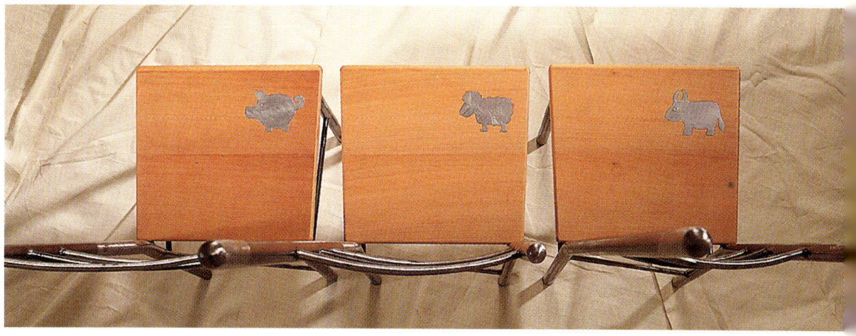

1995

Design muß nützlich *und* schön sein. Ein spielerischer Grundgedanke liegt allen meinen Möbelentwürfen zugrunde.

Porzellan nicht nur für Freunde

1995

KRONE - INNEN & AUßEN - ROT
EIERBECHER...

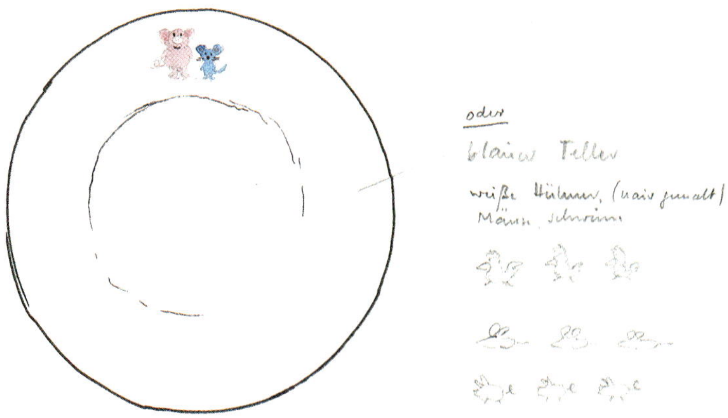
oder
blauer Teller
weiße Hühner, (naiv gemalt)
Mäuse, Schweine

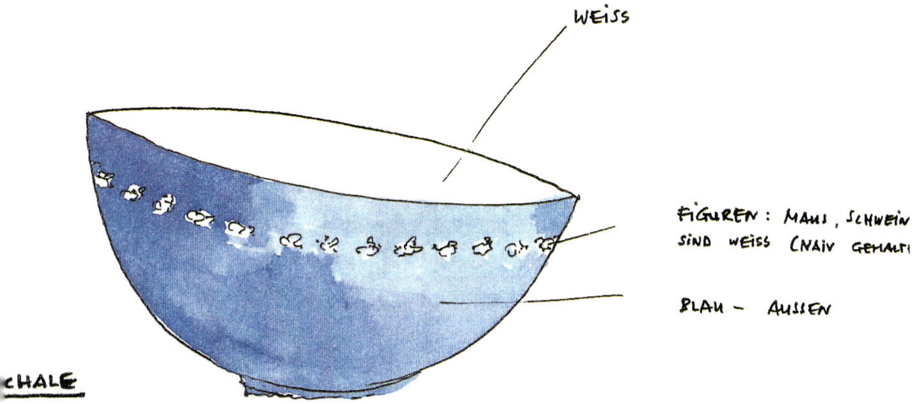
WEISS
FIGUREN: MAUS, SCHWEIN
SIND WEISS (NAIV GEMALT)
BLAU – AUSSEN
SCHALE

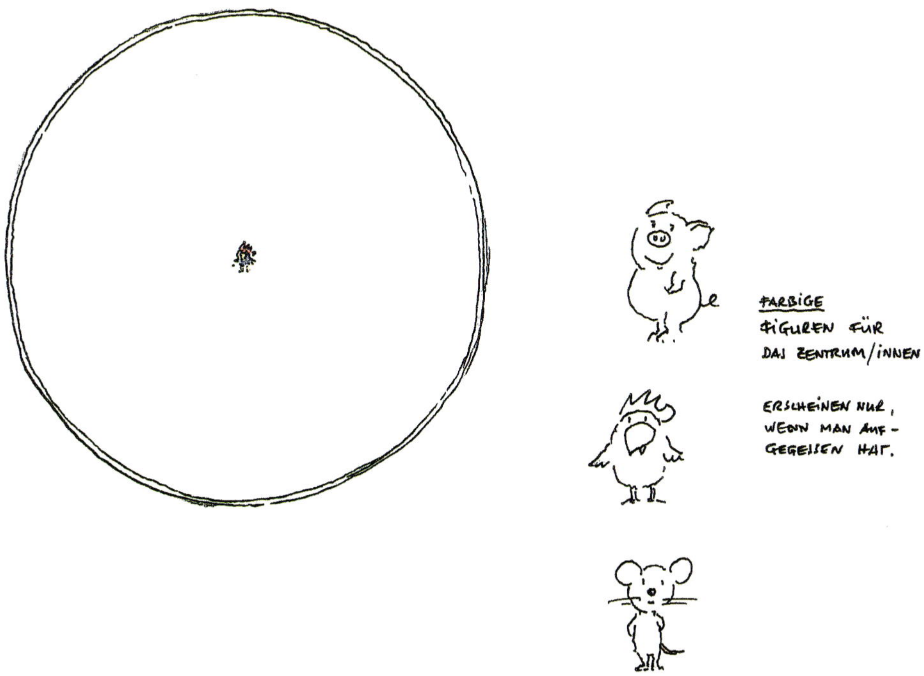
FARBIGE
FIGUREN FÜR
DAS ZENTRUM/INNEN
ERSCHEINEN NUR,
WENN MAN AUF-
GEGESSEN HAT.

1987

Öfter mal was Neues

Zuerst waren die Einzeller die Krone der Schöpfung. Es folgten die Pflanzen, dann die Dinosaurier. Sie herrschten sehr lange.
Als nächste übernahmen die Warmblüter. Der Löwe, so erzählen uns die Märchen, riß die Macht an sich und wurde erst von den Primaten in einem blutigen Staatsstreich entthront.
Seither regiert der nackte, unbehaarte Affe mit Willkür, Tricks und Unterdrückung.

Der nächste Regierungswechsel wird spannend.

Helme Heine

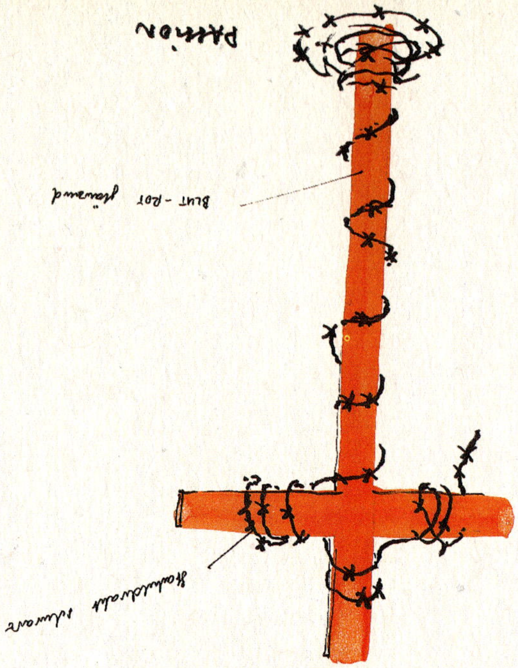

Die Kirche ist die Gewerkschaft der Schäfer, die großes Interesse daran hat, daß der Wolf nicht ausstirbt.

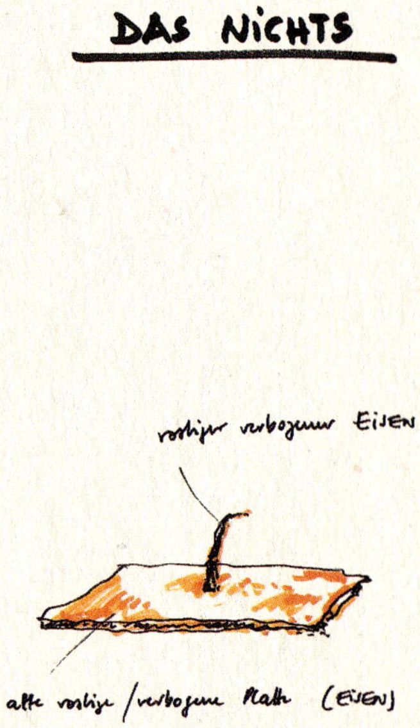

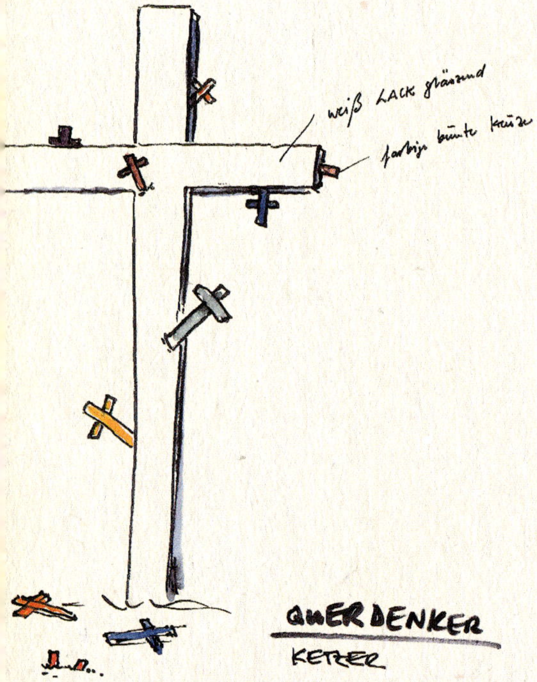

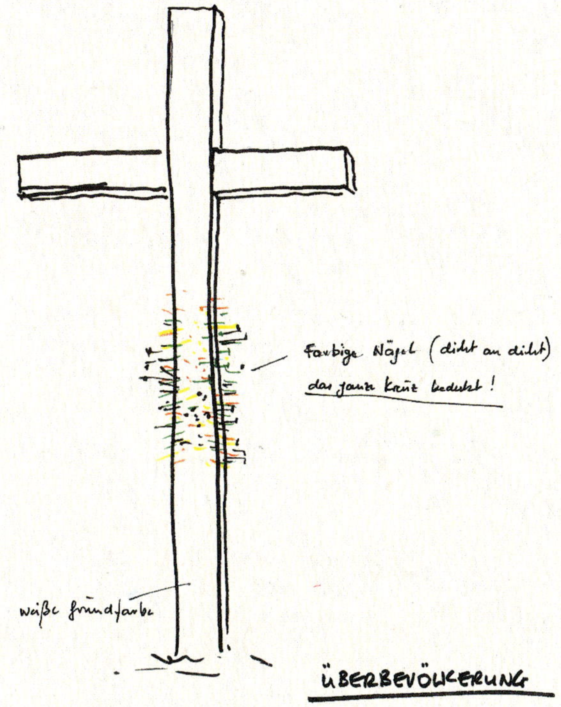

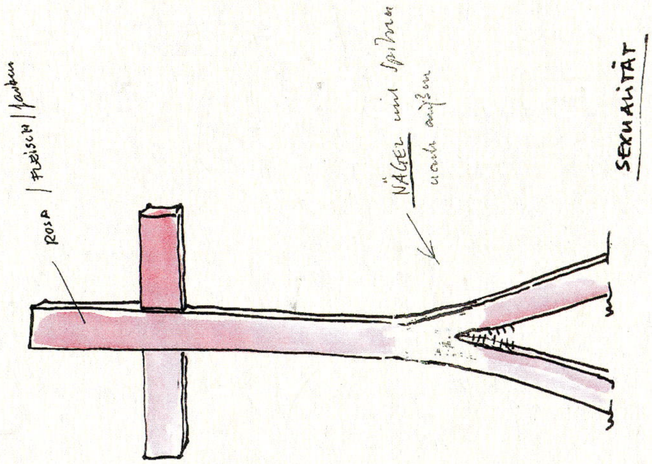

Der Kalvarienberg

Die Kinder haben Grimm, die Erwachsenen die Bibel.

Beide Bücher enthalten wunderbare, elementare, spannende Geschichten. Diese zu illustrieren, neu in Szene zu setzen, ist eine Herausforderung für jeden Künstler.

Alpha und Omega

Es ist schon eine seltsame Tatsache, daß der Tod eines Menschen – oder eher die Art und Weise, wie er zu Tode kam – für die Nachwelt interessanter ist als sein Leben.
Wir wissen alle, daß Sokrates den Schirlingsbecher trank, Kleopatra durch eine Giftschlange starb, Caesar erdolcht, Ludwig XVI. guillotiniert wurde, Gandhi und Kennedy erschossen und all die namenlosen Märtyrer »unsterblich« wurden durch ihr gewaltsames Ende.

An ihr Leben und Wirken erinnern wir uns kaum, und über ihre Geburt wissen wir meist gar nichts.
Christus ist hier eine große Ausnahme: Geburt und Tod sind gleichermaßen bekannt und gefeiert. Trotzdem hat sich auch hier das Ende am Kreuz als das christliche Erkennungszeichen durchgesetzt.

Eine Wiege als Symbol der Christenheit wäre mir lieber gewesen. Friedlicher. Glaub-würdiger. Da ich dies nicht zu ändern vermag, versuche ich, dem Kreuz eine neue Bedeutung zu geben.
Mein Kalvarienberg beschäftigt sich weniger mit dem Sterben als vielmehr mit dem Leben.
Mein Kreuz ist nicht für den Friedhof gedacht, sondern für den Alltag. Es entstammt der Mathematik. Es ist ein Koordinatensystem, das dem Betrachter erlaubt, seinen eigenen Standpunkt zu ermitteln.

Helme Heine

Das Kreuz mit den Kreuzen

Kein Symbol unseres an zeichenhaften Kürzeln wahrlich nicht armen Jahrhunderts ist so belastet wie das Kruzifix. Das wissen wir nicht erst seit dem Streit von 1995 um die Schulkreuze und der Entscheidung unseres obersten Gerichts sowie der heftigen öffentlichen Reaktion darauf. Und nun dieser Kalvarienberg, glänzend mit den Lackfarben unserer Zeit bemalt, mit Stöckelschuhen oder TV-Patentgebiß verziert – ein künstlerischer Denk- und Diskussions-Anstoß.
Natürlich wird dies all jene schockieren, die gewohnt waren, in Helme Heine nur den liebenswürdigen Spaßverbreiter für Kinder zu sehen.

Horst Künnemann

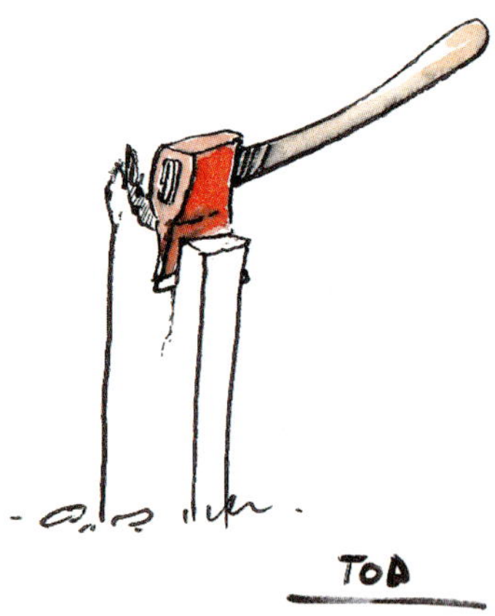

1995

FRAU

Noch im Konzil von Nicäa sprach man ihr die Seele ab.
Bis zum heutigen Tag ist sie kein vollwertiges,
gleichberechtigtes Mitglied der Kirche geworden.
Die Apartheid in der Kirche muß fallen!

1995

ERBSÜNDE

Das Steuergesetz erlaubt mir, eine Erbschaft abzulehnen.
Mein genetisches Erbe könnte manipuliert werden.
Beim politischen Erbe habe ich keine Wahl.

1995

PASSION

Die Dornenkronen unseres Jahrhunderts
wurden aus Stacheldraht geformt.
Das Leiden wurde industrialisiert.

1995

DOGMA

Dogmen werden gebraucht, wenn Worte und Überzeugungskraft fehlen, wenn die Fragen und Diskussionen ermüden. Sie sind eine Alterserscheinung. Dogmen sind die falschen Zähne einer Kirche, die den Biß verloren hat.

1995

ARMUT

Wie gut es uns allen geht, entdeckte ich beim Bau dieses Kreuzes. Ich hatte Schwierigkeiten, verrostetes Wellblech zu finden – das Baumaterial der Armen. So ist Christus aus einem alten Blechpapierkorb entstanden.

ÜBERBEVÖLKERUNG

Erst wenn in den vatikanischen Gärten Sozialwohnungen, Altenwohnheime und Kinderspielplätze errichtet werden, wird man dieses Thema überdenken.

1995

1995

NICHTS

Es ist die Zeit nach den Religionen.
Die Geburtsstunde einer neuen
Ordnung. Das Unvorstellbare

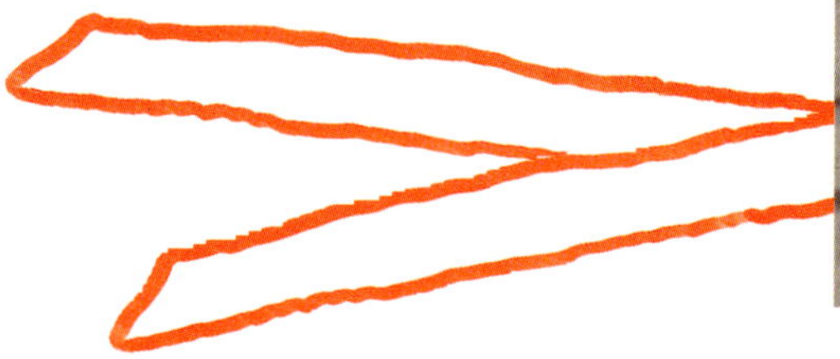

PRINZIP

Der Schatten des Kreuzes, der bis in unser Jahrhundert fällt,
ist Zeugnis einer großen Lichtquelle, einer kraftvollen Idee.

INSTITUTION

Die Idee der Gewaltenteilung ist älter als
alle demokratischen Regierungsparteien.
Sport und Spiel gab es schon, bevor sich
IOC und DFB formierten.
Der christliche Gedanke ist älter als die
Institution Kirche.

KIRCHENAUSTRITT

Dies ist eine nicht zu unterschätzende Möglichkeit, Mißstände zu ändern. Eine Scheidung löst nicht alle Probleme, aber sie eröffnet neue Chancen.

1995

Sie sind das Salz in der Suppe. Ohne sie wäre die Kirchengeschichte eine fade Ahnengalerie. Ketzer sind gut gegen Verkalkung. Sie verjüngen, bringen das Blut in Wallung, sind lebenserhaltend. Ketzer sind religiöse Künstler, Glaubens-Evolutionäre.

1995

TOD

Er vollzieht die gewaltsame Trennung von Geist, Körper
und Seele. Um meinen Geist werden sich die Erben kümmern,
um meinen Körper ein Beerdigungsinstitut.
Wohin meine Seele fliegt, weiß ich nicht.
Ich bin sehr gespannt darauf.

1995

Um das unsägliche Thema aus der Kirchendiskussion zu nehmen, bietet die Natur zwei Lösungen an: die ungeschlechtliche Zellteilung und die Jungfernzeugung. Letztere Möglichkeit wirft allerdings langfristig große Probleme auf, da bei dieser Form der Vermehrung nur weibliche Nachkommen geboren werden. Es fehlt das Y-Chromosom der (Kirchen-)Väter.

ZUKUNFT

Ich wollte Martin Luther beim Wort nehmen und noch ein Apfelbäumchen pflanzen, bevor morgen die Welt untergeht. Vorsichtshalber habe ich ein zweites Bäumchen besorgt, als Reserve.

1995

Unsere Zweifel sind Verräter.
Sie halten uns davon zurück, einen Versuch zu wagen,
und damit machen sie uns dort zum Verlierer,
wo wir gewinnen könnten.

William Shakespeare

1993

Das Gesangbuch

Kaum etwas verdeutlicht den Zustand der heutigen evangelischen Kirche so klar wie ihr Gesangbuch. Es hat den Charme eines Telefonbuches.

Mehrere hundert Lieder, jedes mit einer fortlaufenden Nummer versehen, werden zwischen zwei Buchdeckel gezwängt. Nirgendwo entdeckt man einen Hauch von grafischer Gestaltung, von Sinnlichkeit, Lebensfreude oder Farbe. Keine Vignette schmückt ein Lied, keine Verzierung, keine Initiale. Kein Funken Humor, kein Leben ist auf diesen Seiten zu finden.

Der klägliche Gesang der Gemeinde scheint sich daran infiziert zu haben.

Wie anders waren da in längst vergangener Zeit die Stunden- und Gebetsbücher: voller Kraft, Witz und politischer Anspielung; prall, farbsprühend, kostbar und lebensbejahend.

Helme Heine

1995

PFLANZEN - DOM

Selten war ein Jahrhundert dem Himmel so nah und gleichzeitig so weit entfernt.

- Die Weltraumfahrt und die Astronomie haben den Himmel auf die Erde gebracht.
  Doch es scheint die Menschen nicht zu interessieren, denn im gleichen Maße, wie die naturwissenschaftlichen Erkenntnisse wuchsen, nahm das Allgemeinwissen über den Sternenhimmel ab.
- Der Marxismus hat versucht, den Himmel auf Erden ökonomisch zu verwirklichen. Das Ergebnis kennen wir.
- Die kahlen, ungestalteten, abgehängten Zimmerdecken in unseren Häusern zeigen keinen Stuck, kein Mosaik, kein Fresko, keine Intarsie, kein Ölbild der antiken Götterwelt mehr. Ein Beweis dafür, daß wir unseren Blick nicht mehr himmelwärts richten.

Und was machen die Kirchen? Sie bauen wie die Weltmeister. Noch nie zuvor in der Geschichte sind so viele Kirchen gebaut worden wie im 20. Jahrhundert. Die Auftraggeber scheinen nach dem Motto zu handeln: Wenn der Berg nicht zum Propheten kommt, muß der Prophet zum Berg kommen.
Gut erreichbar müssen die Kirchen sein, in jedem Stadtteil eine eigene. Ausgestattet mit einer komfortablen Bestuhlung, gut beheizbar, mit Toilettentrakt, Umkleide- und Nebenräumen und Parkplätzen; kurz, alle Annehmlichkeiten, die der heutige Mensch gewohnt ist.
Und trotzdem sind die eiskalten Dome und Kathedralen, die zugigen Wallfahrtskirchen, die unbequemen, altmodischen Dorfkirchen beliebter. Liegt das am Alter der Gebäude, der Geschichte der Bauwerke, den Kunstobjekten, den Reliquien, die sie beherbergen? Vielleicht liegt es am Geist, der sie erfüllt!

Ist die Kirche der Zukunft abrufbar über Pay-TV, gesponsert von der Fa. X, das eigene Räucherstäbchen, den roten Meßwein, die Oblate in der Fernsehtruhe? Der päpstliche Segen ist ja schon voll anerkannt, auch wenn er über die Mattscheibe flimmert.

Ich glaube, die Kirchenarchitektur des nächsten Jahrhunderts muß neue Wege gehen.

In der Vergangenheit waren fast alle Sakralbauten aus Stein. Ewiges Zeugnis sollten sie sein, mitten in der Natur.

Der Fels wurde gebrochen, kunstvoll behauen, gestaltet und zu einem Gotteshaus geformt. Der Mensch ging zum Gottesdienst aus dem Wald, aus der Natur, in die künstliche Steinhöhle.

Heute, wo die ganze Welt verstädtert, versteinert ist, bauen wir noch nach dem gleichen Prinzip. Nur mit dem Unterschied, daß wir flüssigen Stein, Beton nehmen, mit Stahl armiert. Das Ganze ergibt einen Faradaykäfig, von dem wir wissen, daß er alle äußeren elektrischen Felder abschirmt. Vielleicht wirken unsere heutigen modernen Gotteshäuser deshalb so abweisend, so geist-los.

Ich habe deshalb ein Gotteshaus entworfen, das die bisherige Tradition umkehrt. Der Mensch geht aus dem Stein, aus der Stadt, in die Natur. Mein gläserner, zerbrechlich wirkender Dom steht aber nicht vor der Stadt, sondern mitten in ihr. Er liegt hinter einem hohen, von vielen Pflanzen bewachsenen, ringförmigen Stein- und Erdwall.

Wer den Dom betreten will, muß den Ring erklimmen, über eine Natursteintreppe klettern. Im Inneren des Steinwalls, der wie ein Kreuzgang angelegt ist, stehen Bäume, Büsche, Blumen, Gräser, aber auch Skulpturen von Mensch und Tier.

Der Dom ist eine freitragende Glas-Eisen-Konstruktion. Die Glaskuppel scheint von großen Laubbäumen getragen zu werden, die im Inneren des Rundbaus einen kleinen, tiefer gelegenen Teich umstehen, der mit Fröschen, Fischen und Wasserpflanzen besetzt ist.

Auf einer kleinen Steininsel im Teich steht ein Altartisch, den man nur über Trittsteine erreicht.

Der große, luftige, schwerelose Innenraum vermittelt den ruhesuchenden Besuchern, auch außerhalb des Gottesdienstes, Andacht.

Es gibt keine Bestuhlung. Platz findet man auf den Sitzstufen, die das Wasserbecken unregelmäßig geschwungen umgeben.

Der Fußboden des Domes ist aus farbigen, glattgeschliffenen Flußkieseln. Pflanzen, Tiere, Gestirne sind wie im Mosaik abgebildet.

Der Dom – eine Oase in der städtischen Steinwüste.

Helme Heine

Aus der Nähe

Als ich ihn 1973 in Südafrika kennenlernte, war er jung, attraktiv und sehr umschwärmt – ein erfolgreicher Betriebswirt. Aber nicht nur das: Unsere erste Begegnung fand auf der Bühne statt – Helme war abwechselnd Schauspieler, führte Regie, entwarf Bühnenbilder und Kostüme, schrieb Texte, gestaltete Programme und Plakate. Der Spielplan reichte von Goethe bis Genet und zum politisch-literarischen Kabarett. Wir hatten wunderbare Theaterjahre ...

Aber trotz alledem war Helme mit sich und seiner Welt nicht ganz zufrieden. »Wenn eine Fee käme ...!« Er wollte schreiben und malen, nicht nur als Hobby, sondern als Beruf, als Freude. Ich glaube, daß dieser Wunsch in Erfüllung gegangen ist, weil er so ehrlich und so intensiv war. Das Glücksgefühl, das er bei der Veröffentlichung seines ersten Bilderbuches, »Elefanteneinmaleins« (1976), empfunden hat, ist ihm nie mehr abhanden gekommen.
Im Gegenteil: Er ist sich bis heute des wunderbaren Privilegs bewußt, das tun zu dürfen, was ihn glücklich macht. Und dieses Glück überträgt sich, so glaube ich, auf jedes seiner Bücher und auf die Menschen, die mit ihm zusammenleben und die ihm begegnen.

Zeitlos sind seine Themen, elementar und so wenig auf bestimmte Altersgruppen eingegrenzt wie Spaghetti mit Tomatensoße oder die elektrische Eisenbahn. Von »Richard«, dem Raben, erfahren wir von der unerträglichen Einsamkeit, die ungeteilter Erfolg mit sich bringt. Katalinchen in »Tante Nudel« zeigt, wie man das tägliche Einerlei durchbrechen kann. Biba weist uns in »Die Perle« auf den komplizierten Umgang mit Reichtum hin und die möglichen Folgen. Die »Freunde«, der Klassiker unter Helmes Büchern, erleben die Möglichkeiten und die Grenzen der Freundschaft. So wie Helme selbst ein Freund ist, der unerschütterlich mit kindlichem Eigensinn an das Gute im Menschen glaubt – bis ihm das Gegenteil bewiesen wird. Helme gelingt auch das Umsetzen so schwieriger, komplexer Begriffe wie Größenwahn, Altern, Superlative. Sie so in Wort und Bild zu fassen, daß

Ein Horn

Als ich in der Schule erfuhr, das Horn des Einhorns ist nur ein herausstehender Oberkieferzahn des Narwals, war ich grenzenlos enttäuscht.

Wer hatte die Lügengeschichte von dem sagenumwobenen Einhorn erfunden? Hans Christian Andersen? Ein Pferdebesitzer? Die Jungfrau Maria? Die Apotheker?

Heute weiß ich, daß die Wale sehr märchenhafte Tiere sind und das elfenbeinerne »Horn« ist so zerbrechlich wie Glas. Es hat wenig Nutzen und taugt weder als Handwerkszeug noch als Waffe. Wozu also haben Narwale überhaupt diesen Zahn? Nur weil er so schön ist? Weil er unsere menschliche Phantasie anregt?

Die Paläontologen erzählen uns, die Wale waren einstmals Landtiere. Ich schließe daraus, daß vielleicht sie vor Urzeiten die Einhörner waren, und unser Stammhirn, unsere Dichter und unsere Kinder erinnern sich daran.

Helme Heine

1974

auch Bilderbücher wie »Der Superhase«, »Elefanteneinmaleins« und »Das schönste Ei der Welt« von jung und alt verstanden und geliebt werden.

»Umsetzen« ist ein Zauberwort für Helmes zahlreiche Begabungen. Hat ihn einmal eine Idee gepackt, dann ist er für seine Umwelt nur als »Schlafwandler« vorhanden, denn nun beginnt der wichtigste Teil seiner Arbeit, und sie erfordert seine ganze Phantasie und sein ganzes Können. Am Ende eines solchen Tages ist er vollkommen erschöpft, verschwitzt und zerzaust. Sind seine Figuren aber geboren und gewachsen, der Plot gefunden und gelöst – dann kommt der Spieler Helme wieder zum Vorschein. Dann verwandelt sich sein Atelier in eine Theaterbühne. Er ist der Regisseur, der die Figuren jauchzen und weinen, kämpfen, feiern, gewinnen und verlieren läßt. Wie bei einer Bühnenprobe hockt er vor seinem Wandspiegel, übt Mimik und Mimikry, Gesten und Gebärden, Aufsichten und Ansichten. Und aus seinem Studio tönt zufriedenes Grunzen oder ein glückliches Kichern.

1982

So entstehen seine Bilder. Und tagelang, wochenlang hängen die Wände in seinem Atelier voller Skizzen, die dann alle im Papierkorb landen, wenn das Endergebnis da ist. Ich jage diesen Papierschnipseln hinterher wie ein Stadtstreicher den leeren Coladosen, für die Nachwelt sozusagen. Helme lächelt nur darüber. Er ist ein fanatischer Wegwerfer. Ein großes Haus, das überall Platz zum Aufbewahren »für alle Fälle« böte, das wäre für ihn ein Alptraum. Er sammelt die Belege fürs Finanzamt und Gegenstände antiker Kunst, die heute niemand mehr herstellen kann. Und nebenbei noch ein paar Erinnerungen ...

Gisela von Radowitz

THEATERGRUPPE
JOHANNESBURG
Jean Genet
Die Zofen
Regie Helme Heine
Deutsche Schule 8 Uhr 11. 12. 13. 14. 18. 20. 21. Juni
Kartenvorverkauf Computicket

1976

1982

1996

Andere Kinder durften ihrem Vater zu Weihnachten die soundsovielte Krawatte schenken, die er nicht haben wollte. Oder eine Bohrmaschine, die im Keller verstaubte. Oder er bekam ein Foto der »lieben Kleinen«, das in seinem Büro auf dem Schreibtisch zu stehen hatte. Helme trug nie oder selten Krawatten, benutzte nie oder selten eine Bohrmaschine, und sein »Büro« war zu Hause. Da waren wir auch – was also sollte er mit einem Foto von uns?

So entstand die Idee mit den gemalten Selbstporträts in Lebensgröße. Zehn Jahre lang wünschte sich Helme von meinem Bruder und mir ein Bild. Zehn lange Dezember fanden wir uns täglich in seinem Studio ein, und wenn ich dann vor einem riesenhaften, leeren Blatt Papier saß, überkam mich die Verzweiflung. Ich begann die äußerste linke Bildecke mit zögerlichen Strichen zu füllen, die am Ende irgend etwas über mich aussagen sollten. Was genau, war mir nicht klar.

Helme besah sich meine ersten künstlerischen Gehversuche. »Hast du Angst?« fragte er. Er montierte im Badezimmer den Wandspiegel ab, stellte ihn vor mich hin und behauptete: »Das ist doch ganz einfach. Schau hinein und male das, was du im Spiegel siehst oder zu sehen glaubst.« Er ließ mich alles wegradieren und ein riesiges Ei in die Mitte des Blattes malen: meinen Kopf. »Also: die Augen liegen in der Mitte, Nase und Mund darunter, die Ohren an der Seite. Das ist alles.«

In den Stunden und Tagen, die folgten, gab es ein Wechselbad der Gefühle. Zorn überkam mich, wenn Helme nicht begreifen wollte, daß ich schlicht kein Talent zum Malen besaß. Dennoch stellte ich kurz vor Weihnachten mit Erstaunen fest, daß das Bild allen Widerständen zum Trotz pünktlich fertig wurde. Die fotografische Ähnlichkeit war gering, dennoch verriet es viel von mir und dem, was mich im vergangenen Jahr bewegt hatte.

Heute war ich angeln.

Ich hatte Glück und habe einen großen Kingfisch aus dem Pazifik gezogen. Die feuchte Schuppenhaut glitzerte, funkelte wie mit Edelsteinen besetzt. Kaum hatte ich ihn an Bord gezogen, erlosch mit seinem Leben die Leuchtkraft seines Leibes.

Ähnlich geht es mir mit meinen Aquarellen. Sind die Farben naß und fließend, bin ich erfüllt, begeistert von ihrer Kraft und Ausstrahlung. Ist das Bild beendet, sind die Farben angetrocknet, im Papier versunken, ist ein lebendiger Teil des Aquarells für immer verloren.

Das Gedruckte – noch einmal reduziert auf nur vier Farben – ähnelt dem Abguß einer Totenmaske.

Das Leben ist daraus verschwunden, aber Seele und Geist kann man immer noch spüren.

Helme Heine

1974

»Seelenbilder« nannte Helme diese Weihnachtsgeschenke.

Trotz des Kampfes mit verlaufenden Aquarellfarben, mit sich wellendem Papier und der Diskrepanz zwischen meiner Phantasie und meinem handwerklichen Können war diese Zeit nachhaltig intensiv. Erinnerungen an die Adventszeit verbinden sich für mich bis zum heutigen Tag mit dem Duft von Weihnachtskeksen, mit dem ersten Schnee und vor allem mit Selbstporträts.

Und mit Zwischenzeugnissen ...
aber das ist eine andere Geschichte.

Carola von Radowitz

THEATERGRUPPE
JOHANNESBURG
16.18.19. MAI
DEUTSCHE
SCHULE
KOMÖDIE
MOLIERE TARTUFFE

1976

Mein großer Bruder

Solange ich denken kann, wünschte ich mir einen großen Bruder. Aber ich hatte keinen. Doch plötzlich, mit meinem 12. Lebensjahr, geschah das Wunder. Trotz meines fortgeschrittenen Alters bekam ich einen – er hieß Helme Heine. Ich war glücklich, einen unmöglich geglaubten Traum erfüllt zu bekommen, und er war froh, meine Windelphase übersprungen zu haben.

Nun gibt es viele Arten von Brüdern. Bei George Orwell gibt es den Big Brother, bei den Indianern Blutsbrüder, im Kloster Glaubensbrüder, es gibt Tippelbrüder, warme Brüder, Geistesbrüder. Und es gibt besondere Brüder. Zu dieser letzten Kategorie gehört mein großer Bruder.

Er ist viel älter als ich, und ich lernte durch ihn, nicht nur mit den Augen zu sehen. Er verstand es, mir Dinge beizubringen, ohne mich zu belehren, ohne erhobenen Zeigefinger, ohne Didaktik. Immer hatte er Zeit für mich: für Gespräche, bei denen ich erfuhr, daß es im Leben auf die Perspektive ankommt, daß ein Negativerlebnis auch Gutes in sich birgt und daß Toleranz unter den Menschen Krieg und Rechtsanwälte überflüssig machen würde.

Bei einer gepflegten Partie Darts verbesserte er früh und ganz nebenbei mein Kopfrechnen, beim Schach mein Gedächtnis. Auf dem Tennisplatz gewann immer er, so wie es sich für einen großen Bruder gehört. Durch ihn habe ich begriffen, daß nicht alles von Muskelkraft abhängt und daß auch das Verlieren eine Kunst ist, die gelernt sein will. Das Skifahren allerdings habe ich ihm beigebracht, und den Umgang mit dem Computer wird er nie kapieren. Da ist er ein hoffnungsloser Fall.

Mein großer Bruder illustriert und schreibt Bücher, er malt, bildhauert, spielt Theater und führt Regie. Er baut mit Leidenschaft Häuser und legt Zaubergärten an. Er ist besessen davon, Schönes zu gestalten. Früher habe ich das nicht verstanden, das war für mich kein Beruf.

Heute weiß ich, daß ich recht hatte: Seine Arbeit ist kein Beruf, sondern Berufung.

Christoph von Radowitz

Gärtnern ist die wunderbarste Tätigkeit, die ich kenne. Ich bin Geburtshelfer und Arzt, Feldherr mit Axt und Säge, schaffe lebendige Räume wie ein Architekt, male in den leuchtendsten Blütenfarben, buddele wie ein Kind mit meinen Händen in der Erde, philosophiere über meinen vergeblichen Kampf mit dem Unkraut, bin Gastwirt für alles, was da krabbelt und fliegt, bin dankbarer Koch für manches, was dort wächst und übrigbleibt. Ein großer Garten ist das schönste Mausoleum, das ein Mensch sich bauen kann.

Helme Heine

Atelierimpressionen

Helme Heine und Karl Stolle in der Werkstatt, Mai 1995

Der *Butcher Bird* lernt fliegen.

Sind Bilderbücher bewohnbar?

Zwischen 1790 und 1830 erschien unter der Anleitung des Autors und Herausgebers Friedrich Johann Justin Bertuch (1747-1822) ein grandioses Werk in 12 Bänden, das über mehr als zwei Jahrhunderte beispielhaft für die nachfolgende illustrierte Sach- und Unterhaltungsliteratur der Jüngeren werden sollte.
Bertuchs »Bilderbuch für Kinder« war von einem pragmatisch-prophetischen Erläuterungstext und pädagogischen Hilfstexten begleitet, in denen es u.a. hieß:
»... ein Bilderbuch ist für eine Kinderstube ein ebenso wesentliches und noch unentbehrlicheres Meuble als die Wiege, die Puppen oder das Steckenpferd ...«

Horst Künnemann

Der unbekannte Helme Heine

Scheinbar fröhlich-unbekümmerte, schwerelose Bilderbücher zu entwerfen und zu gestalten, erfolgreich Jahr für Jahr wenigstens einen Titel – reicht das nicht eigentlich für ein erfülltes Künstler-Dasein?
Weit gefehlt.
Daß Helme Heine sich in der lockeren Brettlkunst des Kabaretts bewegte, schärfere Töne auch als Cartoonist und Urheber der TV-Produktion »Sauerkraut« zeigte, wurde schon mit gelindem Erstaunen wahrgenommen.
Doch daß er sich in weitere Räume der bildenden Kunst vorwagt?
Kann er das? Darf er das überhaupt?
Müßige Fragen. Er macht's einfach! Und von einer breiteren Öffentlichkeit fast unbemerkt, entstanden aus Röhren, Drahtgeflechten, aus Holz, Metall und Wegwerfmaterialien vieldeutige und skurrile Objekte und Skulpturen.
Mit seinen Bilderbuch-Figurationen haben nur einige noch die tierische Verwandtschaft, stellen Giraffen, Igel, Rehe, Vögel dar.
Daneben jedoch bestehen auch abstrakte Formen und Symbole. Die humorig-liebenswerte Leitmelodie der Bilderbuchkunst wird durch eine ganze Skala schärferer, zuweilen satirisch-sarkastischer Töne ergänzt. Helme Heine kann auch anders und äußert sich dazu, knapp, präzise, unmißverständlich.
Was die Kunst der Bilderbücher und die der plastischen Objekte verbindet, ist das Spielerische, das nicht an Generationszugehörigkeit gebunden ist, ist der schöpferische Umgang mit unterschiedlichen Formen, das Experimentieren, die Offenheit für Neues, was die Betrachter – und den Künstler selbst – zu verblüffen vermag.

Horst Künnemann

Berühmte letzte Worte

»Pff – zst, Pff – zst, Pff – zst...«

Helme Heine – kurzes Elefanteneinmaleins

Er wurde 1941 in Berlin-Johannestal geboren. In der Nachbarschaft wohnte Bernhard Grzimek, wahrscheinlich mitverantwortlich für seine besondere Beziehung zu Tieren. Eines seiner ersten Lieblingsbücher war »Robinson Crusoe«. Gut möglich, daß dies für Helme Heine eine Rolle gespielt hat, nach dem Studium von Betriebswirtschaft und Kunst weder Zeichenlehrer noch Kaufmann zu werden. Statt dessen zog er Anfang der 60er Jahre erst einmal hinaus in die Welt: Europa, Asien, schließlich Südafrika. Dort blieb er über ein Jahrzehnt.

Er gründete in Johannesburg das Kabarett »Sauerkraut«, brachte eine satirische Zeitschrift heraus, spielte Theater – und zeichnete.

Für seinen weiteren Werdegang von nicht zu unterschätzender Bedeutung war die innige Freundschaft mit Sauraja, einem wilden Schwein, das mit ihm Haus und Garten teilte. Seine Bilderbuchkarriere begann 1976 zwar mit einem Elefanten. Doch seit seiner endgültigen Rückkehr aus Südafrika 1977 hat er Sauraja immer wieder unvergeßliche Kunstdenkmäler gesetzt: mit »Na warte, sagte Schwarte«, den »Sieben wilden Schweinen«, dem dicken Waldemar ...

Als Autor und Illustrator zählt Helme Heine heute international zu den renommiertesten Bilderbuch-Künstlern; seine Arbeiten erhielten viele Auszeichnungen und Preise, u.a. den Deutschen Jugendliteraturpreis/Auswahl, Schönste deutsche Bücher, den Europäischen Jugendbuchpreis und den Großen Preis der Deutschen Akademie für Kinder- und Jugendliteratur. Er schreibt, malt, zeichnet, schafft Skulpturen und entwirft Möbel. So vielgestaltig seine Kunst inzwischen auch ist, seine außergewöhnliche Beziehung zur tierischen Kreatur hat er beibehalten. Sein bester (vierbeiniger) Freund ist nunmehr Shabalala, ein Schafbock ...

1976 **Elefanteneinmaleins**, Gertraud Middelhauve Verlag
Schönste deutsche Bücher

Das Leben der Tomanis (Text von Christine Nöstlinger), Gertraud Middelhauve Verlag
Schönste deutsche Bücher

1977 **Na warte, sagte Schwarte**, Gertraud Middelhauve Verlag
Deutscher Jugendliteraturpreis / Auswahl

1978 **Der Superhase**, Gertraud Middelhauve Verlag
Deutscher Jugendliteraturpreis / Auswahl;
Hans-Christian-Andersen-Preis / Ehrenliste

Richard, Gertraud Middelhauve Verlag

1979 **Tante Nudel, Onkel Ruhe und Herr Schlau**, Gertraud Middelhauve Verlag
Schönste deutsche Bücher

Ich und du und die ganze Welt
(Die schönsten Geschichten, Lieder und Gedichte für Kinder, hrsg. von Gertraud Middelhauve u. Gisela von Radowitz), Gertraud Middelhauve Verlag

Fantadu, Gertraud Middelhauve Verlag
Deutscher Jugendliteraturpreis / Auswahl

1980 **Katzentatzentanz** (Text von Fredrik Vahle), Gertraud Middelhauve Verlag

1981 **Der Hühnerhof** (Text von Fredrik Vahle), Gertraud Middelhauve Verlag

Du bist einmalig (Text von Ludvik Askenazy), Gertraud Middelhauve Verlag

1981 **Von Riesen und Zwergen**, Märchen
(Text von Sybil Gräfin Schönfeldt),
Otto Maier Verlag

1982 **Freunde**, Gertraud Middelhauve Verlag
Deutscher Jugendliteraturpreis / Auswahl; Schönste deutsche Bücher

Ich lieb dich trotzdem immer
(Gedichte von Angela Sommer-Bodenburg),
Gertraud Middelhauve Verlag

1983 **Das schönste Ei der Welt**, Gertraud Middelhauve Verlag
Deutscher Jugendliteraturpreis / Auswahl

Drei kleine Freunde: Der Rennwagen, Der Wecker, Der Besuch, Gertraud Middelhauve Verlag
Schönste deutsche Bücher

Märchen der Buschmänner
(ausgew. u. hrsg. von Gisela von Radowitz),
Werner Dausien Verlag

1984 **Die Perle**, Gertraud Middelhauve Verlag
Europäischer Jugendbuchpreis

1985 **Uhren haben keine Bremse**, Diogenes Verlag

Die Farben (Text von Fredrik Vahle),
Gertraud Middelhauve Verlag

Samstag im Paradies, Gertraud Middelhauve Verlag
Deutscher Jugendliteraturpreis / Auswahl

1986 **Sieben wilde Schweine**, Gertraud Middelhauve Verlag
Prix Justin; Parents' Choice Award for Illustration

1987 **Der Hase mit der roten Nase**,
Gertraud Middelhauve Verlag

Prinz Bär, Gertraud Middelhauve Verlag

1988 **Gruß und Kuß**, Gertraud Middelhauve Verlag
Johnny Mausers Tagebuch, Gertraud Middelhauve Verlag
Der doppelte Weihnachtsmann
(Text von Gisela von Radowitz),
Diogenes Verlag

1989 **Die wunderbare Reise durch die Nacht**,
Gertraud Middelhauve Verlag

1990 **Heute geh' ich aus dem Haus**,
Gertraud Middelhauve Verlag
Mullewapp, Gertraud Middelhauve Verlag

1991 **Galerie der Freunde**, Gertraud Middelhauve Verlag
Zehn freche Mäuse, Gertraud Middelhauve Verlag

1992 **Sauerkraut** (zusammen mit Gisela von Radowitz),
Diogenes Verlag

1993 **Hans und Henriette**, Diogenes Verlag

1994 **Die Abenteurer**, Diogenes Verlag
Tabaluga (zusammen mit Gisela von Radowitz),
Albrecht Knaus Verlag

1995 **Noah & Co** (zusammen mit E.W. Heine),
Albrecht Knaus Verlag
Helme Heines Neuseeland
(zusammen mit Gisela von Radowitz und Frank Habicht),
Bruckmann Verlag

Bild- und Quellennachweis

Alle nicht vermerkten Texte und Abbildungen sind Originalbeiträge

S.2/3/4/5: *Die wunderbare Reise durch die Nacht*, 1989, Gertraud Middelhauve Verlag

S.6: Helme Heine und Karl Stolle bei der Arbeit an der Skulptur *Butcher Bird*, im Mai 1995; Foto: Lutz Dürichen

S.8/9: *Die wunderbare Reise durch die Nacht*, 1989, Gertraud Middelhauve Verlag

S.10/11: *Elefanteneinmaleins*, 1976, Gertraud Middelhauve Verlag

S.12: Abb. aus: *Der Besuch*, 1983, Gertraud Middelhauve Verlag

S.13: Abb. aus: *Die Farben* (Text v. Fredrik Vahle), 1985, Gertraud Middelhauve Verlag

S.14/15: *Die Farben* (Text v. Fredrik Vahle), 1985, Gertraud Middelhauve Verlag

S.16/17: Text aus: E.W. Heine, Geschriebene Schnappschüsse aus dem Familienalbum, in: Helme Heine, eine Dokumentation, 1986, Gertraud Middelhauve Verlag; Abb. aus: *Heute geh' ich aus dem Haus*, 1990, Gertraud Middelhauve Verlag

S.18: *Fantadu*, 1979, Gertraud Middelhauve Verlag

S.19: *Tante Nudel, Onkel Ruhe und Herr Schlau*, 1979, Gertraud Middelhauve Verlag

S.20/21: *Gruß und Kuß*, 1988, Gertraud Middelhauve Verlag

S.24: Abb.: *Scheherezade*, Familienkalender-Cover 1991, Gertraud Middelhauve Verlag

S.26/27: *Ich lieb' dich trotzdem immer* (Gedichte v. Angela Sommer-Bodenburg), 1982, Gertraud Middelhauve Verlag

S.28: Plakat für die Internationale Kinder- und Jugendbuchmesse in Bologna 1979

S.29: Abb. aus: *Der Wecker*, 1983, Gertraud Middelhauve Verlag; Kinder ...: Helme Heine, Laßt mir mein Säugetierdasein. Ein Gespräch mit Markus Deggerich, in: Badische Zeitung, 1.2.94

S.30: *Prinz Bär* (Cover-Motiv), 1987, Gertraud Middelhauve Verlag

S.31: Unveröffentlichte Cover-Entwürfe zu *Prinz Bär*

S.32/33: *Die wunderbare Reise durch die Nacht*, 1989, Gertraud Middelhauve Verlag; Zitatzusammenhang: »Er (Schlaf) führt dich so lange durch die Nacht, bis du nicht mehr weißt, wo du bist und wie du heißt. Erst dann ruft er seine Schwester Traum. Sie vertreibt die Dunkelheit ...«

S.34/35: Helme Heine, Laßt mir mein Säugetierdasein. Ein Gespräch mit Markus Deggerich, in: Badische Zeitung, 1.2.94; Abb. aus: *Das Leben der Tomanis* (Text v. Christine Nöstlinger), 1976, Gertraud Middelhauve Verlag

S.36: *Sieben wilde Schweine*, 1986, Gertraud Middelhauve Verlag

S.37 ff.: Carl-Heinz Mallet, Helme Heine – Mit Kindern, Tieren und dem lieben Gott auf du und du, in: Helme Heine, eine Dokumentation, 1986, Gertraud Middelhauve Verlag; Abb. aus: *Sieben wilde Schweine*, 1986; *Der Wecker*, 1983; *Der Besuch*, 1983; *Gruß und Kuß*, 1988, alle Titel im Gertraud Middelhauve Verlag

S.39: *Sieben wilde Schweine*, 1986, Gertraud Middelhauve Verlag

S.40: Text aus: Helme Heine, Laßt mir mein Säugetierdasein. Ein Gespräch mit Markus Deggerich, in: Badische Zeitung, 1.2.94; Abb. aus: *Der Besuch*, 1983, Gertraud Middelhauve Verlag

S.41: Abb. aus: *Gruß und Kuß*, 1988, Gertraud Middelhauve Verlag

S.42: *Sieben wilde Schweine*, 1986, Gertraud Middelhauve Verlag; Abb. aus: *Gruß und Kuß*, 1988, Gertraud Middelhauve Verlag

S.43: Text aus: Helme Heine, Laßt mir mein Säugetierdasein. Ein Gespräch mit Markus Deggerich, in: Badische Zeitung, 1.2.94; Abb. aus: *Mullewapp*, 1990, Gertraud Middelhauve Verlag

S.44/45: Text aus: *Sieben wilde Schweine*, 1986, Gertraud Middelhauve Verlag

S.46/47: *Tabaluga*, 1994 (zusammen mit Gisela von Radowitz), mit freundlicher Genehmigung: Albrecht Knaus Verlag

S.48: Abb.: *Laßt Blumen sprechen* (Postkarte), 1977; in: *Galerie der Freunde*, 1991, Gertraud Middelhauve Verlag

S.49: Abb. aus: Familienkalender 1997, mit freundlicher Genehmigung: F.W. Heye Verlag

S.50: Text aus: Helme Heine, Laßt mir mein Säugetierdasein. Ein Gespräch mit Markus Deggerich, in: Badische Zeitung, 1.2.94; Abb. aus: *Das schönste Ei der Welt*, 1983, Gertraud Middelhauve Verlag; *Galerie der Freunde*, 1991, Gertraud Middelhauve Verlag

S.51: Text aus: Horst Künnemann, Atelier mit Seeblick, 1991, in: 15 Jahre Bilderbücher im Gertraud Middelhauve Verlag

S.52/53: Abb. aus: *Zehn freche Mäuse*, 1991, Gertraud Middelhauve Verlag, sowie *Schlafende Katze* (Montage), aus: Familienkalender 1996, mit freundlicher Genehmigung: F.W. Heye Verlag

S.54/55/56/57: *Die Perle*, 1984, Gertraud Middelhauve Verlag

S.57: Mit ganz kleinen ...: Helme Heine, Laßt mir mein Säugetierdasein. Ein Gespräch mit Markus Deggerich, in: Badische Zeitung, 1.2.94

S.58: Abb. aus: *Ich lieb' dich trotzdem immer* (Gedichte v. Angela Sommer-Bodenburg), 1982, Gertraud Middelhauve Verlag; Text aus: Helme Heine, Laßt mir mein Säugetierdasein. Ein Gespräch mit Markus Deggerich, in: Badische Zeitung, 1.2.94

S.59: *Gruß und Kuß*, 1988, Gertraud Middelhauve Verlag

S.60: Abb. aus: Familienkalender 1989, Gertraud Middelhauve Verlag

S.61: Text aus: Helme Heine, Laßt mir mein Säugetierdasein. Ein Gespräch mit Markus Deggerich, in: Badische Zeitung, 1.2.94; Abb. aus: *Gruß und Kuß*, 1988, Gertraud Middelhauve Verlag

S.62/63: *Der Superhase*, 1978, Gertraud Middelhauve Verlag

S.64: *Richard*, 1978, Gertraud Middelhauve Verlag

S.65: *Bauerntheater*, aus: Familienkalender 1996, mit freundlicher Genehmigung: F.W. Heye Verlag

S.66: *Crime Time* (Postkarte), 1978; in: *Galerie der Freunde*, 1991, Gertraud Middelhauve Verlag

S.68: *Die wunderbare Reise durch die Nacht*, 1989, Gertraud Middelhauve Verlag

S.69: Abb. aus: *Prinz Bär*, 1987, Gertraud Middelhauve Verlag

S.70: Familienkalender 1990, Cover, Gertraud Middelhauve Verlag

S.71: Kinderkalender 1988/Cover für Büchergilde Gutenberg, Gertraud Middelhauve Verlag

S.72: Familienkalender 1991, Gertraud Middelhauve Verlag

S.73: Familienkalender 1986, Gertraud Middelhauve Verlag

S.74: Text aus: E.W. Heine, Geschriebene Schnappschüsse aus dem Familienalbum, in: Helme Heine, eine Dokumentation, 1986, Gertraud Middelhauve Verlag; Abb. aus: *Noah & Co* (zusammen mit E.W. Heine), 1995, mit freundlicher Genehmigung: Albrecht Knaus Verlag

S.75: Abb. aus: *Die Abenteurer*, 1994, mit freundlicher Genehmigung: Diogenes Verlag

S.76: *Das schönste Ei der Welt*, 1983, unveröffentlichter Titelentwurf

S.77: *Das schönste Ei der Welt*, 1983, Gertraud Middelhauve Verlag

S.78/79: *Samstag im Paradies*, 1985, Gertraud Middelhauve Verlag

S.80/81: *Na warte, sagte Schwarte*, 1977, Gertraud Middelhauve Verlag

S.82: *Die Abenteurer*, 1994, mit freundlicher Genehmigung: Diogenes Verlag

S.83: E.W. Heine, Geschriebene Schnappschüsse aus dem Familienalbum, in: Helme Heine, eine Dokumentation, 1986, Gertraud Middelhauve Verlag

S.84: Plakatentwurf für die Ausstellung *Der schöne Schein* 1996 (unveröffentlicht)

S.85: Abb. aus: *Gruß und Kuß*, 1988, Gertraud Middelhauve Verlag

S.86: *Die Abenteurer*, 1994, mit freundlicher Genehmigung: Diogenes Verlag

S.87: Abb. aus: *Gruß und Kuß*, 1988, Gertraud Middelhauve Verlag

S.88/89: *Hans und Henriette*, 1993, mit freundlicher Genehmigung: Diogenes Verlag

S.90/91: *Uhren haben keine Bremse*, 1985, mit freundlicher Genehmigung: Diogenes Verlag

S.92/93: Aus den Skizzenbüchern von Helme Heine

S.94: Aus: Familienkalender 1984, Gertraud Middelhauve Verlag

S.95: *Das schönste Ei der Welt*, 1983, Gertraud Middelhauve Verlag

S.96: Abb. aus: *Die Rechte des Kindes*, Illustration für UNESCO, 1986; Text aus: E.W. Heine, Geschriebene Schnappschüsse aus dem Familienalbum, in: Helme Heine, eine Dokumentation, 1986, Gertraud Middelhauve Verlag

S.97: *Noah & Co* (zusammen mit E.W. Heine), 1995, mit freundlicher Genehmigung: Albrecht Knaus Verlag

S.98: Helme Heine, Laßt mir mein Säugetierdasein. Ein Gespräch mit Markus Deggerich, in: Badische Zeitung, 1.2.94; Abb. aus den Skizzenbüchern von Helme Heine

S.100: *Noah & Co* (zusammen mit E.W. Heine), 1995, mit freundlicher Genehmigung: Albrecht Knaus Verlag

S.101: E.W. Heine, Geschriebene Schnappschüsse aus dem Familienalbum, in: Helme Heine, eine Dokumentation, 1986, Gertraud Middelhauve Verlag

S.102/103: *Noah & Co* (zusammen mit E.W. Heine), 1995, mit freundlicher Genehmigung: Albrecht Knaus Verlag

S.104/105/106/107/108/109: *Die wunderbare Reise durch die Nacht*, 1989, Gertraud Middelhauve Verlag

S.110/111: Aus den Skizzenbüchern von Helme Heine

S.112/113: *Bambi*, Skulptur, April 1995; Foto: Lutz Dürichen

S.114: *Igels Traum*, Skulptur, Juni 1995; Foto: Lutz Dürichen

S.116/117: *Butcher Bird*, Skulptur, Mai 1995; Foto: Lutz Dürichen

S.119: *Meine Giraffen*, Skulptur, Januar 1995; Foto: Lutz Dürichen

S.120/121: *Ein Horn*, Skulptur, Mai 1994; Foto: Lutz Dürichen

S.122/123: *Bruder Tier*, Skulptur, November 1994; Foto: Lutz Dürichen

S.124: *Uhren haben keine Bremse*, 1985, mit freundlicher Genehmigung: Diogenes Verlag

S.125: *I*, Skulptur, Dezember 1993; Foto: Lutz Dürichen

S.126: *Der Rennwagen*, 1983, Gertraud Middelhauve Verlag; aus den Skizzenbüchern von Helme Heine

S.127: Familienkalender 1991, Gertraud Middelhauve Verlag

S.128: Abb. aus: *Der Besuch*, 1983, Gertraud Middelhauve Verlag

S.129: Bett – *Schäfchen zählen*, Massivholz blau-weiß, August 1995, Foto: Lutz Dürichen

S.130: Kissen, Abb.: unveröffentlichter Entwurf für Familienkalender 1983

S.131: Sofa – *Nur für gute Freunde*, September 1995; Foto: Lutz Dürichen

S.132/133: Aus den Skizzenbüchern von Helme Heine

S.134: Eßtisch mit Stühlen: Roheisen, Birnbaum/Elsberry mit Roheisenintarsien, 1995; Foto: Lutz Dürichen

S.135: Stühle: Roheisen, Birnbaum/Elsberry mit Roheisenintarsien, 1995 (Draufsicht); Fotos: Lutz Dürichen

S.136/137: Vitrine: Birnbaum/Elsberry mit Roheisenintarsien, November 1995; Fotos: Lutz Dürichen

S.138/139: Aus den Skizzenbüchern von Helme Heine

S.140/141: Porzellanentwürfe, 1995

S.142: Aus dem Familienkalender 1987, Gertraud Middelhauve Verlag

S.143: Abb. aus: *Noah & Co*, 1995, mit freundlicher Genehmigung: Albrecht Knaus Verlag

S.144 ff.: Abb.: *Der Kalvarienberg*, aus den Skizzenbüchern von Helme Heine

S.146: *Der Kalvarienberg*, Ausschnitt, August 1995; Foto: Lutz Dürichen

S.147: Abb. aus: Familienkalender 1987, Gertraud Middelhauve Verlag

S.148: Abb.: Skizze zu *Tod*, Juli 1995

S.149: Kreuz *Frau*, Juni 1995; Foto: Lutz Dürichen

S.150/151: *Der Kalvarienberg*, August 1995; Foto: Lutz Dürichen

S.152: Kreuz *Erbsünde*, Juli 1995; Foto: Lutz Dürichen

S.153: Kreuz *Passion*, Mai 1995; Foto: Lutz Dürichen

S.154: Kreuz *Dogma*, April 1995; Foto: Lutz Dürichen

S.155: Kreuz *Armut*, März 1995; Foto: Lutz Dürichen

S.156: Helme Heine bei der Arbeit am Kreuz *Überbevölkerung*, Juni 1995; Foto: Lutz Dürichen

S.157: Kreuz *Überbevölkerung*, Juni 1995; Foto: Lutz Dürichen

S.158: *Der Kalvarienberg*, Ausschnitt: *Nichts* und *Prinzip*; Foto: Lutz Dürichen

S.159: *Der Kalvarienberg*, Ausschnitt: *Institution* und *Kirchenaustritt*; Foto: Lutz Dürichen

S.160: Kreuz *Ketzer*, Mai 1995; Foto: Lutz Dürichen

S.161: Kreuzfragment *Tod*, Juli 1995; Foto: Lutz Dürichen

S.162: Kreuz *Sexualität*, Mai 1995; Foto: Lutz Dürichen

S.163: Skizze: Kreuz *Zukunft*, März 1995

S.164: Sebastian Stolle mit Giraffenkopf (*Meine Giraffen*), Januar 1995; Foto: Lutz Dürichen

S.166: Aus dem Familienkalender 1993, mit freundlicher Genehmigung: F.W. Heye Verlag

S.167: Abb. aus: Familienkalender 1988, Gertraud Middelhauve Verlag

S.168: Abb.: Seitenaufriß Dom-Modell, aus den Skizzenbüchern von Helme Heine

S.171: Abb.: Vignette aus dem Familienkalender 1987, Gertraud Middelhauve Velag

S.172/173: Abb. aus: *Noah & Co*, mit freundlicher Genehmigung: Albrecht Knaus Verlag

S.174 ff.: Gisela von Radowitz, Aus nächster Nähe, 1991, in: 15 Jahre Bilderbücher im Gertraud Middelhauve Verlag; Abb. aus: Familienalbum von Helme Heine

S.175: Abb.: Titelseite eines Programmheftes von *Sauerkraut*, 1974

S.176: Abb. aus: *Märchen der Buschmänner* (hrsg. von Gisela von Radowitz), 1982/83, mit freundlicher Genehmigung: Werner Dausien Verlag

S.177: Programmplakat der Theatergruppe Johannesburg, 1976

S.178: *Märchen der Buschmänner* (hrsg. von Gisela von Radowitz), 1982/83, mit freundlicher Genehmigung: Werner Dausien Verlag

S.179: *Der geheime Garten*, 1996, unveröffentlichtes Original anläßlich des 50jährigen Bestehens der Internationalen Kinder- und Jugendbuchmesse in Bologna

S.180: Abb. aus: *Gruß und Kuß*, 1988, Gertraud Middelhauve Verlag

S.181: Abb.: Zeichnung aus dem Programmheft der Theatergruppe Johannesburg, 1974

S.182: Plakat der Theatergruppe Johannesburg, 1976

S.183: Abb. aus: *Märchen der Buschmänner* (hrsg. von Gisela von Radowitz), 1982/83, mit freundlicher Genehmigung: Werner Dausien Verlag

S.185: Atelierimpressionen: Sebastian Stolle hat die *Giraffen* entdeckt; Foto: Lutz Dürichen

S.186/187: Helme Heine und Karl Stolle bei der Arbeit an der Skulptur *Butcher Bird*, Mai 1995; Foto: Lutz Dürichen

S.188/189: Helme Heine und sein achtbeiniger Gast im Atelier. Das 9. Kreuz, *Überbevölkerung*, entsteht. Drosophila war hartnäckig. Sie wich keinen Millimeter. Foto: Lutz Dürichen

S.190/192: Helme Heine bekommt Unterstützung im Atelier. Sebastian Stolle greift ein. Foto: Lutz Dürichen

S.194/195: *Uhren haben keine Bremse*, 1985, mit freundlicher Genehmigung: Diogenes Verlag

Dank

Ein Buch lesen und betrachten ist eine Reise, die man relativ gefahrlos allein unternehmen kann.

Ein Buch über und mit Helme Heine nimmt allerdings eher Expeditionscharakter an, da für Überraschungen, Aufregungen und Abenteuer sicherlich gesorgt ist.

Ein Werk wie dieses »umzusetzen«, es als Buch Wirklichkeit werden zu lassen, bedarf der Mitwirkung vieler nicht schreckhafter, engelsgeduldiger und kühner Helfer.

An dieser Stelle sei allen diesen Tapferen vor Buchstaben und Bildern gedankt: unseren Autoren Peter O. Chotjewitz, Konrad Heidkamp, E.W. Heine, Carl-Heinz Mallet, Heinrich Peuckmann, Gisela von Radowitz, Carola und Christoph von Radowitz, Peter Steinbach und Horst Künnemann, den selbst der Kilimandscharo nicht abhielt, »heinelogisch« zu wirken.
Ein großes Dankeschön auch unseren festen und freien Mitarbeitern und Mitarbeiterinnen, die im größten Trubel Nerven und Humor behielten.

Ganz besonders danken möchten wir den MitarbeiterInnen der Fa. Typisch, insbesondere Iris Zeltenhammer und Gerwin Schlosser, die mehr als eine Nacht und ein Wochenende opferten, um die Ergebnisse allen Wirkens mit der sanften Nachdrücklichkeit großer Könner in unwiderrufliches Filmtransparent zu fassen.

Insbesondere gilt unser Dank Karl Stolle und seiner Familie, die sich als durch und durch bodenständige Meister der Handwerkskunst und als Familienbetrieb in der dritten Generation begeistert auf das ungewöhnliche Terrain der Designermöbel und Skulpturen des Künstlers wagten.
Der Kalvarienberg sprengte nicht nur manch räumlichen Rahmen, sondern sorgte bereits in der Entstehungsphase für Gesprächsstoff in Bad Aibling.
Die Familie stellte denn auch den sprichwörtlichen Zauberlehrling, der Helme Heine in Werkstatt und Atelier kundig zur Hand ging: Sebastian Stolle kam, sah und griff ein.
Ins Bild gesetzt wurden Skulpturen, Möbel und der Kalvarienberg von einem Meister der Improvisation, Lutz Dürichen, der ausgefallenste Perspektiven- und Lichtwünsche erfüllte und hervorragend ins Bild setzte.
Selbst Drosophila, die keinen Millimeter vom Kreuze wich, wurde dieserart bravourös in Szene gesetzt.

Ihnen allen und den vielen anderen Mitwirkenden, die hier nicht namentlich erwähnt wurden, sei auch im Namen des Künstlers herzlichst gedankt.
Ohne ihre Unterstützung wäre ein Unterfangen wie dieses nicht möglich gewesen.

Christiane Schneider

Die Deutsche Bibliothek – CIP-Einheitsaufnahme

Heine, Helme:
Helme Heine – eine Reise durch seine Welt : der schöne Schein /
[Helme Heine. Hrsg. von Christiane Schneider]. – München:
Middelhauve, 1996

ISBN 3-7876-9507-9 brosch.
NE: HST

Herausgegeben von Christiane Schneider

ISBN 3-7876-9507-9